E vissero separati e contenti

Come raccontare la separazione ai propri figli

Prima edizione: 2020

ISBN: 9798684558597

D1730423

Sommario

Dedico questo libro a Sofia, mia figlia.

MESSAGGIO PER I GENITORI

Caro genitore, grazie per aver acquistato questo libro. Per ringraziarti in modo concreto sappi che ho creato un codice da usare come sconto sul mio sito. Questo, nel caso il testo non fosse sufficiente e volessi un ulteriore aiuto.

Il CODICE da usare sul mio sito https://www.psicohelp.it/

H726

Se stai leggendo questo libro, due cose stanno probabilmente accadendo: la prima è che la storia con il tuo partner non sta andando bene come speravi; la seconda è che ami i tuoi bambini e vuoi il meglio per loro. Se questo è il caso, il libro potrà aiutarti nel fare il meglio per i tuoi bimbi e poter così considerare l'avventura della separazione come una storia a lieto fine. L'obiettivo che mi prefiggo è quello di trasformare l'esperienza impattante della fine di un rapporto fra adulti in un'occasione di crescita, sia per te sia per i tuoi figli. La psicologia ha fatto passi da gigante negli ultimi anni e oggi posso dire che esistono strumenti per trasformare un'esperienza a prima vista negativa in un motore di crescita e trasformazione. In anni di lavoro come terapeuta ho accompagnato molte coppie e q oggi credo fermamente nella possibilità di avere una coppia che si separa in modo costruttivo e che riesce a essere, nonostante le divisioni, vicina ai propri figli. Come genitori non vorremmo mai deludere i nostri figli. Tuttavia, abbiamo ben presente che non sarà sempre così e, quando immaginiamo di dover spiegare che mamma e papà si separano, ci cade il mondo addosso.

Come fare a spiegare una circostanza così difficile e dolorosa senza distruggere l'immagine che mio figlio ha di me?

Come riuscire a essere una buona mamma o un buon papà sempre e comunque?

Questi dubbi sono quelli che frequentemente sento quando accompagno una coppia alla separazione. La buona notizia è che si può essere genitori esemplari anche da separati. Ecco alcune delle cose che troverai in questo libro: parti teoriche per capire quali sono le basi comportamentali da tenere; parti pratiche con vere e proprie simulazioni di dialogo con i bambini; parti con istruzioni specifiche a seconda dell'età dei figli; descrizioni di comportamenti che puoi mettere in pratica nella quotidianità per agevolare il dialogo.

Come dico frequentemente prima di un corso di *mindfulness* ai miei allievi, la pratica di poche semplici regole porta al successo, ma "semplice non coincide con facile"! Quindi, per mettere in pratica le semplici regole che spiegherò più avanti c'è bisogno di costanza e resilienza. Uno dei concetti chiave che ribadirò più volte riguarda l'attenzione ai particolari del linguaggio. I bambini ascoltano e soprattutto osservano, anche se non sembra. Ricordo un episodio in cui due genitori mi raccontarono di aver notato un comportamento bizzarro nel figlio di dieci anni: Luca aveva iniziato a saltare pasti. Come prima cosa temevo un disturbo alimentare in età molto molto precoce. Invece, dopo aver guidato la madre alle tecniche di approccio del discorso con il bambino, è riuscita a capire che Luca aveva sviluppato la paura di ingrassare. Questo, da ciò che ha riferito il bimbo stesso, era perché temeva di non essere accettato dalla mamma, che più volte aveva detto di "non sopportare più un papà grasso e che non si teneva in forma". Luca credeva di poter essere lasciato dalla mamma perché lei aveva lasciato il papà e pensava che questo fosse accaduto a causa della sua forma fisica. Ecco un esempio illuminante di come i bambini possano osservare e poi, in mancanza di spiegazioni, riempire quel vuoto con logiche che noi adulti non possiamo nemmeno immaginare. Se sei pronto/a a impegnarti in questa nuova avventura, io ci sono.

Dr. Marco Giacobbi

MESSAGGIO PER I BAMBINI

Anche se non mi puoi leggere, sappi che questo libro è per Te. Il mio desiderio è di aiutare molti bimbi che hanno un papà e una mamma che si separano, e con questo libro accompagnerò i tuoi genitori nel fare delle scelte che ti mettano al primo posto. Di tanto in tanto proverò anche a esercitare la mia influenza di esperto nel far pesare il macigno della responsabilità che i genitori hanno nei confronti dei figli. Spero di essere all'altezza di tale compito e spero di cuore che, anche se mamma e papà non saranno più sotto lo stesso tetto, tu continuerai a crescere inseguendo i tuoi sogni.

Marco

PRIMA VIENE L'UOVO

Il titolo del capitolo vuole significare che "prima di tutto viene il bambino, poi il genitore".

Mi sembrava un modo simpatico per esprimere il concetto e spero perdonerai questo mio humor particolare. Il libro è scritto in modo leggero perché non volevo scrivere un saggio, bensì un manuale simpatico e operativo che serva ai genitori e non agli addetti ai lavori. Quando si affronta la vita dopo un divorzio, oltre ai dubbi legali, patrimoniali e sentimentali, ci sono delle domande di importanza cruciale da porsi. Queste riguardano i figli e il tipo di futuro che desideri per loro. Molti genitori hanno ben presente che sarà fondamentale ridurre al massimo il trauma che i figli vivranno durante la separazione.

Le domande fondamentali, prima di fare questo passo sono:

• Come voglio che sia la vita futura dei miei figli?

• Che tipo di idea vorrei che avessero di me e delle cose che ho fatto per loro?

• Quanto tempo riuscirò a dedicare alla loro crescita?

La ricerca è chiara: i genitori che mettono, durante un divorzio, i figli al primo posto riescono a ridurre la probabilità che la separazione si trasformi in problemi che accompagneranno molto a lungo i bambini. Dare priorità ai figli vuol dire molte cose, per esempio: tenerli fuori dai litigi, adattare le esigenze della separazione ai loro tempi, ascoltarli con interesse, non costringerli a fare scelte che non spettano a loro, stare vicini anche quando verrebbe voglia di scappare da tutto e tutti, e molte altre cose che verranno via via suggerite in questo testo.

VISTO CON GLI OCCHI DI UN BAMBINO

Quando sai cosa aspettarti è molto più semplice fare scelte che siano funzionali al benessere dei tuoi figli e anche al tuo. Per questo, forte dell'esperienza di centinaia di coppie, voglio spiegare qui alcuni aspetti che ho ritrovato in molte separazioni e potresti ritrovare anche nella tua.

La separazione porta grandi cambiamenti nella vita di tutti, soprattutto in quella dei figli, ma ciò non significa che questi debbano essere necessariamente negativi.

Questo percorso avrà come tappa fondamentale il momento nel quale racconterai della tua separazione e del fatto che mamma e papà in futuro non staranno insieme. Le reazioni alla notizia sono diverse da bimbo a bimbo e soprattutto potrebbero arrivare con un po' di ritardo.

Gli esseri umani elaborano le informazioni attraverso le emozioni e l'intelletto, e questo vale anche per i tuoi figli, che hanno bisogno del loro tempo. In poche parole, nella nostra esperienza coesistono un aspetto razionale e uno emotivo. La loro reazione razionale potrebbe spingerli a porsi delle domande o a indagare per capire il perché mamma e papà si lasciano. Talvolta, specialmente nei bambini più grandicelli, si ha un vero e proprio processo di accusa, con tanto di attribuzione di colpe e promulgazione di sentenze. Le preoccupazioni e le reazioni emotive dei tuoi bambini si mostreranno attraverso i comportamenti, per esempio un pianto, una crisi di rabbia oppure momenti di isolamento dove potrebbero rifiutarsi di parlare con uno o entrambe i genitori.

Come menzionato poc'anzi, saranno soprattutto i bambini più grandi a insistere per ottenere delle risposte, soprattutto perché staranno cercando di dare una spiegazione logica (attenzione: la *loro* logica) a qualcosa che probabilmente è spiegabile solo con la logica di adulti.

Sia che la reazione sia immediata, sia che sia latente è bene prendere coscienza di quelle che potrebbero essere le domande di un bambino già all'inizio del nostro viaggio. Questo agevolerà un primo cambiamento di prospettiva e da genitore ti permetterà di vedere con gli occhi di un bambino.

E io come farò se mamma e papà si lasciano?

Famigerato cambiamento. Spaventa noi adulti, figurarsi se non terrorizza un bambino. La routine che accompagnava la vita, la certezza di avere al fianco due persone, la sicurezza che un bambino respira quando è fra il papà e la mamma vengono meno! Questo è un momento caotico e pieno di emozioni contrastanti dove è facile perdere la bussola. Il motivo per cui insisto molto sulla tempistica da usare nel dare l'informazione ha le sue ragioni nella domanda che apre il paragrafo e che i bimbi spesso fanno. I genitori, scombussolati e disorientati dalle mille incertezze, devono avere un piano, un'idea, un progetto che permetta di ridurre la percezione di smarrimento dei bambini.

A seconda della fase dello sviluppo in cui sono i tuoi figli, ti chiederanno cosa ne sarà di loro. Potrebbe sembrare una richiesta sciocca, visto che per il genitore è ovvio cosa accadrà al figlio, ma dal punto di vista del bambino il dubbio è più che giustificato. Il bambino vede che mamma e papà si lasciano e quindi perché non pensare che questo potrebbe accadere anche a lui? Mettiti nei panni del bambino e prova a chiederti qualcosa del genere: "In fondo, sembrava (almeno all'inizio) che mamma volesse bene a papà e papà ne volesse a mamma. Quindi, chi mi dice cosa ne sarà di me? Verrò lasciato anch'io?"

La risposta alla domanda che apre il paragrafo potrebbe essere l'occasione per incoraggiali a parlare delle loro paure e delle loro preoccupazioni, e aiutali in modo gentile a comprendere quello che accadrà. Sottolineo ancora una volta ancora l'importanza di avere risposte concrete sul dove andrà, con chi starà ecc. ecc.

È oltremodo importante rendersi disponibili a parlare e ascoltare ogni volta che ne avranno la necessità. I figli devono essere aiutati a dare un nome alle proprie paure, alle preoccupazioni e alle cose che li fanno arrabbiare.

Un aspetto che deve essere chiaro fin dall'inizio è che i genitori sono i responsabili della separazione e non il bambino.

A proposito, dimenticavo, perché forse lo davo per scontato: quando parli con tuo figlio, la responsabilità della separazione, non va scaricata sull'altro genitore. Anche se l'altro genitore fosse il promotore della separazione, davanti al figlio non si devono fare atti di accusa.

Spiegherò più avanti il perché.

Chi si prenderà cura di me?

Spesso le domande che fanno, oppure solo pensano, i bambini sono molto pratiche. Molto dipende dall'età e in generale più sono grandi e più le spiegazioni date posso essere puntuali e articolate. Più avanti darò indicazioni su come comunicare a seconda delle età, curando sia la parte verbale e sia quella non verbale. A domande pratiche si risponde con informazioni concrete e altrettanto pratiche. Per questo è meglio avere piani già chiari fra genitori (sono ridondante lo so): chi porterà il bimbo a scuola, chi preparerà lo zaino, chi si occuperà del corso di nuoto e dove andrà a dormire... Ecco alcuni esempi di informazioni da dare

Essenzialmente, ciò che vogliono sapere è: "Chi si prenderà cura di me?". I bambini si preoccupano moltissimo dei dettagli più essenziali, tipo chi li porterà a scuola, chi gli preparerà da mangiare e chi li metterà a letto la sera. Se potessi condensare il concetto in un'unica frase, direi che la cosa più importante da trasmettere ai figli, a fronte di domande pratiche, è che tu non smetterai di essere il loro genitore.

Questa per te è un'importante opportunità per ascoltare attentamente i tuoi figli e fargli sapere che, anche se tu e il tuo ex non vivrete più insieme, sarete comunque entrambi sempre i loro genitori.

In questo frangente è opportuno fare una distinzione fra bimbi più grandi e più piccini. Quelli più grandi, oltre a domande pratiche, faranno anche ragionamenti più filosofici e moralistici, per non parlare dell'importanza della loro immagine nei confronti del gruppo dei pari (amici e conoscenti di simile età). Più avanti parlerò anche di come gestire anche questi dubbi.

In parte, anche le preoccupazioni pratiche avranno focus diversi. Per gli adolescenti e i bambini più grandi le amicizie sono tutto, ed è per questa ragione che tendono a preoccupandosi del fatto di dover cambiare amicizie, scuola o palestra. Ancora una volta, rispondere in modo puntuale e preciso servirà a rassicurarli sul fatto che le loro esistenze non verranno stravolte e che non verranno sradicati dal suolo che fino a ora li ha nutriti. Per quanto riguarda i bimbi più piccoli, le domande saranno molto basilari e pratiche. Le risposte potranno probabilmente essere meno precise, ma più attente ad aspetti non verbali. I bambini più piccoli sono solitamente più sensibili alla comunicazione gestuale che a quella verbale. Per cui, se devi dire che tu gli preparerai comunque la pappa, magari dillo accompagnando le parole con un sorriso e una carezza. Questo risponderà alla domanda più basilare del piccolo molto meglio di una lunga spiegazione.

Chi ha combinato questo guaio?

Quante volte hai discusso con il tuo compagno o la tua compagna, criticando i suoi comportamenti, davanti a tuo figlio? Quante volte un litigio ha avuto come oggetto un problema di gestione del figlio? Se i bimbi sono abbastanza grandi da capire, potrebbero essere portati a pensare di essere la causa della separazione. L'auto attribuzione della colpa (quella di aver contribuito a causare il divorzio) è un macigno che spesso cade sulla testa dei bambini. Ricordo un caso sfortunato: Antò (Antonio), notoriamente disordinato nella gestione della sua cameretta, si era trasformato in un angelo che riordinava tutto e puliva alla perfezione il suo spazio. L'intervento di una collega, psicologa dello sviluppo, che seguiva il bambino per problemi sorti a scuola, ha permesso di chiarire il perché di questi comportamenti. Antonio pensava che il suo essere disordinato avesse causato i litigi dei genitori e stava disperatamente cercando di evitare la separazione. La separazione, ovviamente, procedeva inesorabilmente e ti lascio immaginare come si sentisse il bambino, convinto di esserne la causa. Spesso le capacità di ragionamento, le conoscenze limitate e le abilità cognitive dei piccoli non sono abbastanza sviluppate da permettere una comprensione completa di quello che sta accadendo. Il risultato è la creazione di proprie teorie e giustificazioni, che sono spesso tossiche e pericolose per il bimbo stesso.

Per quanto tu cerchi di proteggere i tuoi bambini, sfortunatamente la dura verità è che durante un divorzio sono spesso loro a portare il peso più grande. Il sentirsi responsabili della fine del tuo matrimonio o della tua unione è una delle sensazioni che creano maggior danno.

Per quanto riguarda i bambini più piccoli, molta attenzione deve essere posta nel dare la notizia della separazione. Se questa viene trasmessa a breve distanza da una lite fra te e il bimbo, ci vorrà veramente poco perché tuo figlio attribuisca la separazione a questo evento. Spesso i bambini più piccoli non hanno idea di quella che potrebbe essere una reazione commisurata, per questo possono pensare che i loro comportamenti abbiano conseguenze catastrofiche e per noi inimmaginabili. Nessun adulto potrebbe pensare che un divorzio sia causato dal fatto che il figlio non mangia le verdure, ma un bambino potrebbe pensarlo!

I bambini piccoli non hanno un vocabolario molto vasto per esprimere le loro emozioni, ciò che sentono nel profondo, per cui delle risposte arrabbiate come: "No! Sei cattivo! Ti odio" quando magari gli viene solo chiesto di riordinare i giocattoli, mostrano solamente la loro mancanza di maturità verbale. Se darai ai tuoi figli la notizia della separazione poco dopo un'interazione di questo tipo, basterà un nonnulla per far credere ai bambini che il loro comportamento abbia contribuito al divorzio.

Figli più grandi hanno più capacità di comprendere cosa stia accadendo, anche se non hanno le capacità di un adulto maturo nemmeno quando sono teenager. Nella mia esperienza, sono capitati casi in cui ragazzi ai primi anni delle scuole superiori avevano pensato di essere la

13

parziale causa della separazione solo per gli scarsi risultati che ottenevano a scuola. Quella della colpa è una questione molto delicata e appiccicosa. In generale è bene sapere che: meno colpe dai direttamente o indirettamente al tuo partner e meno questa modalità verrà usata dai tuoi figli per spiegare l'evento.

Se mamma e papà non si vogliono più bene potrebbero smettere di volerne anche a me?

I bambini hanno i tuoi stessi occhi e percepiscono, anche meglio di te, quello che accade intorno a loro. Diversamente da te, creano attribuzioni e fanno ragionamenti che sono meno elaborati e articolati. I bimbi riescono a leggere il linguaggio non verbale del tuo corpo, il tono della voce e in genere capiscono la maggior parte delle parole che vengono usate. Il principio in base al quale ragionano è sovente quello del traslare comportamenti che i genitori hanno fra di loro su loro stessi. Per questo il pensiero: "Mamma vuole bene al papà e mamma vuole bene a me" potrebbe trasformarsi in "Mamma ha smesso di voler bene al papà e quindi può smettere di voler bene a me". Se poi intuiscono che "papà non fa stare bene mamma", o viceversa, allora potrebbero concludere che mamma non vuole più papà perché papà non fa stare bene la mamma ed è meglio se io faccio stare bene la mamma, altrimenti farò la fine del papà! Questi ragionamenti potrebbero essere alla base di comportamenti di cura da parte del bambino nei confronti di uno dei genitori. I bambini notano quando sei consumato/a e proveranno a dare una mano.

Gli sbalzi di umore e le crisi emotive sono molto destabilizzanti per i bambini, che cercheranno di compensare ritirandosi in secondo piano e sperando di non essere un ulteriore peso per un genitore così afflitto.

A questo, puoi aggiungere il fatto che solitamente la separazione porta difficoltà economiche che rendono la situazione più difficile. In un caso visto anni fa, la figlia di due genitori non proprio abbienti si rifiutava di mangiare troppo perché non voleva che mamma si lamentasse di non aver soldi. Ancora una volta, il ragionamento emerso era quello di voler aiutare i genitori. La bimba era spinta dalla paura che l'insoddisfazione crescente potesse portare al suo abbandono, così come i problemi di coppia avevano causato la rottura del rapporto fra papà e mamma. La paura di perdere l'amore di un genitore, così come un genitore ha perso l'amore per l'altro, è terrificante per un bambino.

Per tutti questi motivi sono da ridurre al minimo i segnali di non curanza verso il bambino. Per esempio, quando un genitore si trasferisce e non lascia al figlio abbastanza tempo per prepararsi alla cosa, permette inconsciamente che ci siano delle lacune nel rapporto genitore-figlio. Può capitare che vengano saltati compleanni e vacanze, che sono eventi fondamentali per un bambino, o può succedere semplicemente di dimenticarsi di telefonare all'orario prestabilito.

I bambini si preoccupano di poter far la fine del tuo o della tua partner e di aver perso il tuo amore come genitore. Per alleviare questa loro paura bisognerà parlare,

15

più e più volte, di come il tuo amore per loro non scomparirà mai. E le tue azioni dovranno essere di supporto alle tue parole.

Chi butteresti dalla torre?

Hai presente quel gioco odioso dove ti chiedono di fare una scelta impossibile? In ambito accademico, nel corso di psicologia evoluzionistica, venne proposto da un professore a noi studenti: *"Se dovessi scegliere fra essere tradito dal partner sessualmente oppure sentimentalmente, cioè se dovessi scegliere fra il tuo partner che fa l'amore con un altro/un'altra e continua ad amarti oppure il tuo partner che ama un altro/un'altra ma fa l'amore con te, cosa sceglieresti?"*

La prima risposta che tutti danno è quella che non vorrebbero trovarsi in questa situazione e non vorrebbero rispondere. Una versione meno complessa e meno erudita di quella esposta è quella del gioco della torre. Questo si fa fra bambini e si chiede quale, tra due figure affettive importanti, si butterebbe, se costretti, giù dalla torre. Ecco, insomma, hai presente questi giochi di scelte macabre? Pensa che un bimbo in una condizione di separazione potrebbe trovarsi in questa spiacevole situazione.

I bambini potrebbero restare intrappolati in un vincolo di lealtà con uno o l'altro genitore e pensare di fare un torto a uno o all'altro semplicemente volendo bene a entrambi. Questo accade solitamente quando vengono a trovarsi in mezzo alle liti dei loro genitori e credono di dover prenderne le parti.

Ogni aspettativa di lealtà, da parte tua o del tuo ex, potrebbe creare in loro un fortissimo stress e li metterebbe al centro di un tiro alla fune che non sono emotivamente capaci di gestire. Per evitare di mettere i figli in questa situazione bisogna prima capire come certe circostanze siano propedeutiche al loro verificarsi. A volte, uno dei due genitori, anche inconsapevolmente, comunica che il voler bene sia vincolato al prendere le proprie difese.

I bambini entrano in questa spirale di lealtà in due modi: o ce li mette un genitore o ci entrano autonomamente.

Per quanto riguarda il primo caso, come genitore potresti inconsapevolmente intrappolarli suggerendo loro che il tuo amore è condizionato dal fatto che ti difendano e non prendano le parti del tuo ex. Ecco qualche esempio di frase che spinge nella trappola: "*Ti voglio bene perché tu pensi a me e so che mi difendi anche quando tua madre (o padre) mi critica*"; oppure "*So che tu deciderai di passare le vacanze con me perché io ti voglio bene e perché sai che altrimenti io mi sentirei solo/a*". In pratica, sono espressioni che mettono il bambino in una posizione vincolante, perché gli fanno credere che l'amore del genitore - o la sua perdita - sia conseguenza del fatto che lui/lei abbia o meno adottato il comportamento che il genitore si aspettava.

Un'altra circostanza in cui i bambini tendono a finire nella trappola della scelta fra papà e mamma è quando nella loro logica vedono un genitore in difficoltà e pensano che l'unico modo di alleviarne il dolore sia prenderne le difese.

17

Casi di questo tipo potrebbero essere le scelte a favore o sfavore del tempo passato con un genitore. Frasi rivelatrici di questa situazione sono, per esempio: "Papà, non vengo a pescare con te perché voglio passare più tempo con mamma, sai l'altra volta l'ho vista piangere". È una comunicazione che rivela l'intento soccorritore di un bimbo nei confronti del genitore percepito in difficolta.

I bambini sono ricompensati dal vedere un genitore soddisfatto e, se messi in un'ottica di competizione fra i due genitori, imparano presto il valore delle manifestazioni di lealtà.

Per uscire da questa trappola (che, ripeto, mette in difficoltà il bambino) suggerisco ai miei assistiti di stimolare in maniera sincera ad amare entrambi, di lavorare per gestire i conflitti tra ex e tenere fuori i figli da giochi di potere.

Se vedi che fanno fatica e hanno problemi di lealtà, suggerisco di parlarne direttamente con loro, per aiutarli a trovare delle soluzioni affinché non siano messi in mezzo al vostro tira e molla.

Le comunicazioni vanno pesate e pensate. Frasi che dici con leggerezza, in particolari momenti possono assumere significati dannosi. Pensa al momento in cui saluti il bimbo che deve andare dall'altro genitore. In questo istante, esprimere tristezza e dilungarsi in saluti strappa lacrime può comunicare al figlio la volontà che esso non faccia visita e che resti piuttosto a consolarti.

Sento, anche se non parlo molto

La capacità di esprimere emozioni e di raccontarsi arriva più tardi (a volte non arriva mai, nemmeno certi adulti riescono a farlo). I bambini tendono a dare risposte molto brevi quando vengono loro fatte delle domande su come si sentono. Ti saranno familiari risposte come: "Bene" alla domanda "Come stai?", oppure "Niente" alla classica domanda "Cosa hai fatto oggi a scuola?". Questo tipo di risposte vaghe ed evasive te le daranno anche quando gli chiederai come si sentono durante il periodo di separazione.

Non prenderle come una mancanza di rispetto o un tentativo di cavarsela dopo aver fatto qualcosa di male. Sono, piuttosto, la prova del fatto che la loro capacità di esprimere i sentimenti non è ancora del tutto sviluppata e non conoscono le parole più adeguate per esprimere cosa provano. A complicare la situazione si aggiunge il fatto che, nelle circostanze della separazione, possano coesistere emozioni opposte. Per esempio, l'essere felici di un'esperienza fatta con la mamma e allo stesso tempo essere tristi perché si sperava che papà fosse lì. La nostalgia dei tempi passati spesso fa capolino e confonde le idee dei più piccoli. Per capire meglio, prova a metterti in una condizione poco rilassata (come lo è la separazione) e poi immagina di esprimere concetti che hanno a che fare con il "come ti senti", in una lingua che non conosci bene. Come accennavo poche righe fa, il linguaggio delle emozioni è particolarmente difficile e diventa impossibile se il bambino non è educato ad esso.

Una piccola esortazione: leggi qualche testo sul come parlare di emozioni ai bimbi, come farle riconoscere e come esprimerle. Pur non esprimendosi con le parole, i bambini sentono molto e si esprimono a loro modo. Come genitore è tua responsabilità ascoltarli e sviluppare la capacità di 'leggere' il loro comportamento. Se non rispondono esaustivamente nel momento in cui chiedi come stanno, sicuramente comunicano eloquentemente il loro stato d'animo con atteggiamenti che sono sotto i tuoi occhi.

SEPARARE FA RIMA CON LITIGARE

C'è chi si separa perché non ama più il proprio compagno, chi lo fa perché non riesce più a sopportare la propria moglie o il proprio marito, chi si accorge di voler cambiar vita e scopre ostacoli su ostacoli, chi si è innamorato di un'altra persona e decide di iniziare una nuova vita e anche chi si separa perché si sta annoiando di una vita troppo tranquilla e rutinaria. In ogni caso, la separazione è un movimento che allontana e questo movimento è pieno allo stesso tempo di speranza e di disperazione. È poco probabile che le coppie siano d'accordo anche sul solo fatto di separarsi, figurarsi se può esserci accordo sul come farlo. Questa premessa era necessaria per arrivare a dire una cosa che sicuramente già sai: la separazione è un casino farcito di tristezza, rabbia, rancore, ingiustizia percepita, speranze e aspettative disattese. Non c'è da stupirsi se, in queste condizioni, emozioni negative invadono, oltre a quello fra i partner, anche il rapporto con i figli. Purtroppo, le emozioni negative sono il principale fattore per ottenere un pessimo risultato nella crescita dei figli.

Più intensi e frequenti sono i tuoi conflitti con l'ex compagno/a, più dura sarà, per i figli, sopportarli e più saranno gravi le ripercussioni sulla loro vita (tutta la loro vita). In questo testo uso un linguaggio semplice e divulgativo e la maggior parte delle cose che scrivo sono verificabili semplicemente con il buon senso. Se dovessi riportare i riferimenti bibliografici a supporto della dannosità dei conflitti sui figli potrei facilmente citare almeno una decina di ricerche. I litigi sono tanto più impattanti quanto più avvengono davanti ai figli. Peggio ancora, quando sono fatti davanti ai figli e riguardano i figli stessi. È di vitale importanza che entrambi i genitori rappresentino uno scudo protettivo per i figli, per quanto questo possa essere difficile. Nelle prossime righe, vi fornirò alcuni accorgimenti per tenere i figli all'asciutto durante le inondazioni di rabbia e rancore che la separazione porta con sé.

Come creare una bolla di tranquillità

Per fare qualcosa bisogna essere motivati e la motivazione più importante per un genitore dovrebbe essere il bene dei figli. Nel preambolo fatto poco sopra ho già accennato ai danni che l'esposizione a liti e conflitti causa in loro. Per rimarcare il concetto cito una ricerca di Cambridge (qui il riferimento: https://doi.org/10.1017/S0954579413000801) dove si evidenziano, oltre a gravi conseguenze psicologiche, anche veri e propri problemi fisici e malattie collegate anche con l'esposizione dei bambini a separazioni violente. Quindi, quando perdi le staffe, sei violento, litighi e alzi la voce o fai scenate davanti ai tuoi figli, sii consapevole del danno che potresti provocare.

Come evitare queste situazioni? Quando ti accorgi di alzare la voce, di usare turpiloquio, di minacciare o di avere comportamenti aggressivi, prova a creare l'immagine di tuo figlio che si buca o che viene picchiato in carcere. Quest'immagine, se ami tuo figlio (e non saresti qui a leggere le mie parole se non lo amassi), ti aiuterà a darti una calmata. In ultima analisi, la capacità di bloccare comportamenti aggressivi e di evitare escalation nei conflitti coincide con l'abilità di gestire le proprie emozioni.

Per questo scopo noi psicologi abbiamo molti strumenti da suggerire. Ci sono i veri i propri percorsi terapeutici, c'è la disciplina della Mindfulness, ci sono tecniche di rilassamento, ci sono veri e propri training di assertività che puoi già da subito iniziare a fare.

Una tecnica semplice da attuare è quella di parlare fra genitori e accordarsi su un limite oltre il quale la comunicazione si interrompe e ci si allontana. Le modalità di escalation dipendono dalla coppia e in generale quando l'ambiente si scalda il tono della discussione si alza. L'intensità della pressione sonora si fa più importante e ci si potrebbe dare un limite in termini di decibel. Un esercizio che di solito faccio fare alle coppie litigiose è quello di mettere fra di loro, un telefonino nella funzione fonometro (ci sono App che trasformano il tuo telefonino in uno strumento che misura la pressione acustica). Quando la voce di uno o entrambi tocca gli 85 dB di picco, allora si sospende. Senza se e senza ma. Questo è solo un modo: la fantasia è il limite e sono sicuro che potrai trovarne altri. Se questi metodi non funzionano, cerca aiuto. Uno psicologo, uno psichiatra o qualsiasi risorsa esterna possa funzionare va bene. L'importante sono i bambini.

Peraltro, l'abilità di gestire una discussione con l'ex o quello che sarà l'ex sarà utile non solo per prendersi

23

meglio cura dei propri figli, ma anche per gestire meglio i mille accordi da prendere quando ci si separa. Un altro modo per riuscire a "tenere botta" è quello di prendersi cura di sé stessi, di trovare spazi per ricaricarsi e rilassarsi. Per questo, se riesci a farti una sauna, un trattamento viso oppure una passeggiata, allora è il caso di farlo prima di discutere argomenti spinosi con l'ex.

I molti modi di mettere di mezzo un figlio

Quanti modi ci sono per coinvolgere un figlio in una diatriba che potremmo risparmiargli? Parto dal presupposto che ogni contatto, anche indiretto, con l'ex partner possa costituire un potenziale litigio. Pensa a quante volte dovrai contattare il tuo ex per parlare di problemi o per gestire le visite dei bambini. In virtù del fatto che ci dovranno essere dei contatti è opportuno prendere precauzioni affinché questi siano innocui e si basino su modi civili e rispettosi. Le insidie sono molte e si annidano principalmente: 1) nei momenti di contatto e 2) quando parli con i tuoi figli dell'altro genitore. Un'indicazione che do alle coppie è quella di evitare di caricare i bambini con messaggi o commissioni per l'altro genitore. Chiedere a un figlio di riferire a mamma, riferire a papà o, peggio ancora, di non dire a mamma o non dire a papà questo e quello, sono atti pericolosi. Le richieste caricano il bimbo di responsabilità e potenzialmente si possono esprimere idee negative nei confronti dell'altro genitore. Immagina la semplice frase "Di' a tuo papà di ricordarsi di lavarti i denti prima di andare a letto". Dietro a questa locuzione si nasconde una velata critica al padre sulla gestione dell'igiene del figlio e di conseguenza potrebbe essere percepita una certa mancanza di fiducia. Inoltre, nel linguaggio non verbale potrebbero essere veicolati molti più messaggi negativi nei confronti dell'altro genitore. Non voglio nemmeno parlare del caso in cui si chieda a un figlio di mantenere un segreto, perché penso sia ovvio ed evidente lo stress al quale si espone il minore. Il medesimo discorso vale per tutte le situazioni in cui davanti al figlio parli dell'altro genitore. Evita di chiedere a tuo figlio di prendere le parti, di difenderti o di criticare l'altro genitore. Qualsiasi informazione tu comunichi sul tuo ex, se in presenza di figli, dovrà avere una connotazione positiva oppure, meglio ancora, dovrà essere taciuta. Ovviamente, non mi riferisco a casi di sospetta violenza familiare. Se sospetti che accada qualcosa che non dovrebbe accadere quando i tuoi bambini stanno con il papà/la mamma, l'invito è di rivolgerti immediatamente alle forze dell'ordine e a uno psicologo dell'età evolutiva.

Un altro argomento spinoso sono le questioni economiche e legali che riguardano la coppia. I bambini non hanno le competenze per aiutarti e servirebbero probabilmente solo a farti sfogare. In pratica, il rischio di mettere il bambino in una situazione di stress è alto ogniqualvolta menzioni il tuo/la tua ex davanti a lui.

Un esempio che riporto da un caso clinico è il seguente (ovviamente, i nomi sono di fantasia, a tutela della privacy dei miei assistiti).

Immagina Luca, 9 anni, figlio di genitori separati. Uscendo dalla doccia, il padre trova il piccolo che fruga nel suo borsello. Stupito e amareggiato, gli chiede una spiegazione e Luca intimorito risponde: "Sento sempre la mamma lamentarsi con le amiche e la nonna che tu non paghi gli alimenti in tempo e noi non abbiamo abbastanza soldi per andare avanti".

Il papà di Luca, offeso e arrabbiato, tuona: "Adesso basta, è l'ora di finirla! Tua madre è una bugiarda, la chiamo immediatamente per sistemare questa cosa. Luca, ti avverto, non devi credere a una sola parola di quello che senti dire alla mamma". Luca scappa a nascondersi nella sua cameretta piangendo, convinto di aver combinato un guaio più grosso di lui. Non riesce ad addormentarsi immediatamente ma poi crolla. Ritorna a casa da sua madre dopo il weekend da papà, preoccupato e silenzioso. Si chiude in camera sua e dopo poco la madre bussa alla porta. "Luca, cosa c'è che non va? È successo qualcosa da tuo padre che non mi vuoi dire?"

Un groppo in gola e Luca dice: "Papà dice che sei una bugiarda e di non credere a quello che mi dici".

Il viso della mamma diventa livido. Allontanandosi dalla porta, la donna urla: "Ma come osa quel buono a nulla? Niente più weekend da tuo padre fino a che non gli torna un po' di senso nel cervello".

Luca è risultato essere 'prigioniero' di una discussione tra i suoi genitori, un litigio su cui lui non aveva alcun controllo né responsabilità. Il risultato è un grande dolore per Luca che, amando molto entrambi, non capisce la difficoltà della gestione degli alimenti ed è messo in mezzo a questioni più grandi di lui.

Questo, caro lettore o lettrice, è un caso eclatante e ci sono mille altri casi molto più subdoli che potrei raccontare. Con la regola aurea dell'evitare di parlare (male) del tuo ex puoi essere sicuro/a di non danneggiare tuo figlio.

Mi rendo conto che il processo di separazione speso lasci l'amaro in bocca e tanta voglia di sfogarsi, di vendetta, di rivincite e di superare il momento. Molte coppie che accompagno alla separazione hanno grosse difficoltà a gestire questa fase di distacco sia fisico sia psicologico con la dovuta maturità. Il legame indissolubile che continuerà a legare queste coppie è quello dei figli e capisco possa essere frustrante e spesso diventare veicolo di stress. In linea teorica, una relazione dovrebbe finire e basta, lasciando gli ex partners in una condizione di lutto transitorio e senza strascichi. In pratica, quando c'è un figlio non può essere così. Importante è quindi capire che ci si sta separando dall'ex e non dal figlio o dai figli. La separazione è un processo lungo e complicato che può durare diversi anni. Non si tratta di un solo evento ma di una concatenazione di cambiamenti, compromessi e adeguamenti. Il distacco fisico ed emozionale dal partner è la sfida principale che dovrai affrontare durante questo periodo, rimanendo attivamente coinvolto nell'educazione e nella crescita dei figli. Non sempre, durante un divorzio, ciò che è meglio per gli adulti corrisponde a ciò che è meglio per i bambini; ed è per questo che risulta essere tutto così complicato.

Esserci sempre e comunque

Che tu sia il genitore che resta nella casa d'origine o quello che si trasferisce, è fondamentale restare entrambi attivamente coinvolti nella gestione dei figli. La stanchezza, la frustrazione e il voler staccare la spina faranno crescere la tentazione di evitare l'altro per poterti occupare di te stesso/a. Ma ora non è il momento. Nelle fasi di separazione è importante esserci per i figli. Dallo scombussolamento dei primi giorni, quando il lasciarsi prende forma, si passa attraverso un periodo di montagne russe emotive per arrivare, infine, all'acclimatamento e al vivere in due diverse case. In queste fasi, la presenza di entrambi i genitori è più che essenziale. L'importanza di attenersi a una routine familiare costante, a solide abitudini, a vecchie regole e la tua completa disponibilità verso i figli sono ciò che permetterà loro di provare un senso di sicurezza anche in un ambiente totalmente diverso dal solito.

Un punto chiave da tenere in considerazione è che, mentre tu dovrai iniziare a separare la tua vita da quella del partner per costruire un nuovo futuro, per i vostri bambini sarà essenziale invece il contrario, cioè mantenere una relazione stabile con entrambi. Certo è che l'unico punto di incontro con l'altro genitore sarà il figlio. È chiaro che la vita privata dell'ex partner non sarà più di tua competenza, anche se questo è difficile da accettare soprattutto dopo aver passato molti anni insieme, ma l'impegno e il tempo renderanno tutto meno gravoso.

Non avrai più una relazione di tipo romantico o amichevole con l'altro, ma considerala piuttosto un rapporto civile di collaborazione fra due persone adulte. Queste due persone hanno le loro vite e un progetto in comune: i figli. E cosa fanno spesso i partecipanti a un progetto? Discutono, negoziano e alla fine si accordano per il bene del progetto, anche se questo talvolta significa fare un passo indietro e rinunciare al proprio interesse.

Socializzazione della e nella separazione

Vedremo poi che i bambini possono manifestare il disagio in molti modi ed è importante avere una rete sociale che, oltre a supportare i figli, funga anche da sentinella per segnalare eventuali comportamenti insoliti. Maestre, amici, parenti e tutte le figure che si occupano del bambino, o che sono comunque in contatto con lui, devono essere informati di quello che accade. Meglio se lo sono dopo che è stato informato il bambino. Come spiegherò più avanti, nel dare informazioni operative e pratiche su come comunicare la separazione, quello che vorrei fosse evitato è che il bambino venga avvisato della separazione dei genitori da persone terze. Tuo figlio ha il diritto di essere informato da te e non deve sapere da altri che "mamma e papà si separano". L'importanza del sostegno delle famiglie, degli amici e dei vicini risulta essere uno dei fattori chiave nel cercare di ricostruire una nuova famiglia con i tuoi figli. Supera la tentazione iniziale di isolarti, per imbarazzo o per il sovraccarico di problemi che la separazione porta con sé. Per creare quella rete sociale di protezione a cui accennavo poco sopra, è bene informare gli insegnanti, gli allenatori sportivi e i consulenti scolastici del divorzio, perché siano anch'essi preparati a gestire e supportare i tuoi figli.

Altra cosa fondamentale è la continuità nelle attività ludiche e sportive dei bambini, nei loro hobby e nelle loro passioni. Tutto quello che può rimanere immutato è importante che lo rimanga. I cambiamenti saranno comunque tanti, per questo è meglio mantenere le vecchie routine, dove possibile. Il medico, il pediatra, l'oculista, il maestro di musica, la babysitter dovrebbero restare punti fissi. Così come nonni e parenti, potranno continuare a prendersi cura dei tuoi figli a patto che non prendano le parti di uno o dell'altro genitore, ma cooperino attivamente alla crescita dei bambini, che per crescere sani avranno bisogno del supporto di entrambi i loro genitori e di sapere che hanno ancora la libertà di amare tutti i membri della loro famiglia.

E se si deve cambiare casa? Quando una persona si deve trasferire, l'invito è quello di organizzare dei momenti di gioco con i vecchi amici e compagni di scuola. Se abiterai troppo lontano per frequentarli con regolarità, le videochiamate saranno di aiuto. Inoltre, gradualmente è possibile iniziare a costruire nuove sicurezze e punti di contatto con la comunità locale. Attenzione! Qui non mi riferisco a nuovi partner, che potranno esserci ma vanno tenuti lontani in un primo momento. L'inserimento di un nuovo partner è cosa molto delicata, da fare con precisi accorgimenti e soprattutto una volta che la nuova vita da separati sarà stabile.

LA VITA HA LE SUE STAGIONI

Fino a un anno e mezzo.

Da zero a un anno e mezzo i bimbi non hanno sviluppato le abilità linguistiche e di comprensione per poter capire il divorzio o la separazione. Non possono usare parole per esprimere che cosa sentono ed è per questo che bisogna imparare a osservare e interpretare il loro comportamento. In questa fascia di età, il bimbo sta apprendendo come interagire con gli adulti e a fidarsi delle figure che lo curano. Le comunicazioni sono soprattutto in risposta a queste esigenze e avvengono su canali diversi da quello verbale. Un pianto eccessivo, segni di nervosismo, un comportamento ricco di movimenti rapidi, crisi frequenti (che talvolta chiamiamo capricci) o un'eccessiva immobilità e mancanza di risposte possono essere segni di sofferenza.

Il ripetersi delle circostanze, la routine, è rassicurante per il bambino. Per esempio andare a nanna alla stessa ora, seguire dei rituali come il lavarsi i denti, mettersi il pigiamino, coricarsi, ascoltare una storia danno la sensazione che tutto sia ok e che ci si possa rilassare.

Durante le fasi della separazione, le abitudini dovranno essere mantenute simili al passato e quando, per circostanze ovvie come il trasloco di uno dei due genitori, si cambierà la routine, questa dovrà essere una nuova routine fissa e tranquillizzante. Dai racconti fatti dalle mamme, sembra che i neonati, durante la separazione, siano più tranquilli quando vedono entrambi i genitori di frequente, senza restare due o tre giorni senza vedere uno dei due.

Il contatto fisico è oltremodo importante, quindi l'invito è quello di restare fisicamente vicini ai bimbi e creare delle consuetudini come il massaggio o la coccola. Niente litigi, nemmeno in stanze attigue, in quanto, pur non capendo i contenuti, i bambini sono molto attenti al tono della voce di mamma e papà. Presterei anche particolare attenzione al linguaggio del corpo mentre sei con l'altro genitore e farei del mio meglio per evitare di esporre il bimbo a fattori di stress. Una buona regola è parlare con un tono di voce affettuoso e non stressato in presenza del tuo ex. Altro esempio sono i comportamenti che possono trasmettere tranquillità, come una parola di conforto o incitazione. Questa, anche se magari non compresa appieno dai bimbi, può nel suo tono essere un segnale rassicurante.

Da uno a quattro anni

Se hai dei bambini che hanno età comprese fra un anno/un anno e mezzo e i quattro anni, avrai iniziato a notare il loro bisogno di essere indipendenti. In molte occasioni il loro scopo è di provare a capire fino a dove possano spingersi. Cominciano ora a esprimere opinioni, desiderano fare tutto da soli ed è questo il principale compito ora: diventare un individuo unico e indipendente.

Dal punto di vista evolutivo, c'è molto in gioco in questa fase ed è a volte difficile per i genitori capire se uno sfogo di rabbia sia dovuto al divorzio o al normale sviluppo. In altre parole, i 'no' che dicono in questa fascia di età sono numerosi ed è difficile capire se stiano semplicemente crescendo o se sia un comportamento oppositivo causato dal clima della separazione.

Alcuni segni di angoscia più facili da codificare possono includere comportamenti tristi o solitari, cambiamenti nelle abitudini alimentari o nella routine del sonno, paura a fare attività un tempo familiari e una regressione a comportamenti che appartengono a uno stadio precedente dello sviluppo come: paura di dormire da soli, succhiarsi il pollice, volere il pannolino, parlare con un tono da bimbo piccolo, chiedere il ciuccio.

I tuoi figli avranno bisogno di frequenti rassicurazioni sul tuo amore, rassicurazioni che dovrai trasmettere attraverso azioni e parole. In questa fascia di età i bambini non dovrebbero stare più di 3 o 5 giorni senza vedere l'altro genitore. Di nuovo, la parola chiave è: routine (vedi il paragrafo precedente per capire meglio cosa intendo).

In questa fascia d'età si iniziano (o almeno certi approcci pedagogici lo fanno) a usare le agende colorate, le lavagne e i display per guidare la giornata. Una buona prassi è quella di applicare questa strategia ai nuovi ritmi dettati dalla separazione. Un display che indichi quando si visita papà o quando si sta con la nonna o con la mamma è un aiuto per il bimbo che, almeno in fase iniziale, avrà bisogno di rassicurazioni. Non sto dicendo di regolare tutte le attività (anche perché il bimbo deve formare strategie di coping che saranno utili in futuro) ma almeno le attività di tipo pendolare che caratterizzano la nuova normalità. In casa mia lo facciamo, per esempio, con le vacanze: su un calendario a lavagna bianca abbiamo disegnato i giorni del mese e ogni giorno spostiamo un cursore che ci dice quanto tempo manca alla partenza. Qualcosa del genere è di sicuro aiuto all'inizio.

In rete, poi, si trovano molti testi relativi alla separazione che, con immagini gradevoli, spiegano le cose. Ci sono anche vere e proprie storie illustrate che raccontano cosa aspettarsi quando, anziché una, ci saranno due case. Altra indicazione per queste età è quella di non stancarsi di ripetere la spiegazione al fatto che papà e mamma abiteranno in posti diversi. Talvolta i bimbi fanno più e più volte la stessa domanda.

Come gestire i bambini in età prescolare: dai tre ai cinque anni di età

Questo è un periodo molto delicato. Il bambino inizia a essere veramente più indipendente in molti ambiti. Linguisticamente comincia ad acquisire un vocabolario che permette spiegazioni più complesse e, dal punto di vista delle abilità motorie, riesce a permettersi attività senza l'aiuto dei genitori, come il lavarsi, il riordinare la stanza o il prendersi cura dei bisogni fisiologici in autonomia. È importante capire la padronanza linguistica di tuo figlio, perché a seconda di questa potrai spiegare più o meno cose della separazione. Anche se, per semplificare, ho dovuto raggruppare i comportamenti per età, le differenze nei bambini dai 3 ai 5 anni possono essere enormi.

Il parlare davanti ai bambini di separazione o, meglio, l'essere ascoltati mentre lo si fa è particolarmente pericoloso. La facilità con la quale capiscono va a braccetto con la facilità con la quale interpretano a modo loro le parole. Il rischio che interpretino una discussione in modo negativo è alto.

Per esempio, mi è capitato un caso in cui un bambino di quattro anni era convito che i genitori fossero in difficolta nel cambiare automobile e che la sostituzione fosse causata da esigenze del bambino stesso. In pratica, si sentiva in colpa perché aveva capito, da un discorso sentito fra papà e mamma, che la macchina andasse cambiata per avere più spazio per lui e i suoi giochi. In verità, il veicolo doveva essere cambiato perché rotto e con l'occasione si pensava di poterne prendere uno più comodo. Quindi: discorsi delicati o discussioni sono da fare in privato e lontano dai bimbi.

Anche in queste età apprezzano il beneficio di una routine prestabilita, perché potrebbero sentirsi sopraffatti dai molteplici cambiamenti causati dal divorzio. A volte potrebbero sentirsi abbandonati da uno dei due genitori e mostrare segni di angoscia come attaccamento fisico eccessivo, paura di affrontare il mondo, regressione a fasi dello sviluppo precedenti, sensazioni di responsabilità per la separazione o addirittura per i sentimenti che provano i genitori. Potrebbero comportarsi in maniera triste, mostrare degli attacchi di rabbia che non gli appartengono e cercare di controllare l'ambiente intorno a loro.

Tempo di scuola: dai sei ai nove anni

Le relazioni familiari sono fondamentali e creano una base solida sulla quale la persona costruisce il proprio futuro. Il rischio è, qui, di creare danni alle fondamenta rendendo poi la costruzione debole e vulnerabile. In questa fase della loro vita, i bambini sono autonomi e indipendenti in molte aree, le loro competenze affettive aumentano e questo dona loro una più ampia capacità di comprendere i sentimenti e di regolarsi in base a essi. È probabile che il bambino abbia formato delle aspettative esplicite riguardo alla coppia e che si aspetti l'indissolubilità della diade mamma-papà. Per questo è facile che resti molto deluso e segnato dalla notizia della separazione. La mancanza di un genitore diventa più pungente perché alimentata da tutti quei ragionamenti che ora un bambino riesce a fare. L'effetto di un linguaggio articolato si fa sentire nei pensieri e sulle emozioni provate. Se in questa fascia d'età i figli intuiscono delle mancanze da parte di uno dei due genitori, allora potrebbero prendere le difese del genitore più debole. Anche se tu sei il genitore che il figlio tendenzialmente difende, meglio non avere prese di posizione e fare di tutto perché queste non sfocino in vere e proprie lotte interne.

Un repentino cambiamento dei voti o del comportamento a scuola, mal di testa, mal di stomaco, emozioni che possono sembrare esagerate, il pianto, il voler restare da soli, gli atteggiamenti tristi e una generale mancanza di entusiasmo sono chiari segni di angoscia.

Per cercare di evitare questi contraccolpi, bisogna sforzarsi di creare un ambiente pieno d'amore per figli, attenersi il più possibile a una routine chiara e prevedibile ed evitare di criticare l'altro genitore. Ribadisco: anche se un alleato fa comodo, situazioni di conflitto dove i figli sono messi in mezzo sono da evitare.

A quest'età, probabilmente i tuoi bambini avranno già notato che c'è del conflitto tra te e l'altro genitore e potrebbero essere loro a prevedere che gli parlerai di divorzio. Del resto, il divorzio potrebbero averlo anche già conosciuto per via indiretta. È molto probabile, infatti, che qualche compagno di classe ci sia già passato. Anche in questo caso avranno bisogno di una tua spiegazione e vorranno alcuni dettagli. Rispondi alle loro domande, rassicurali sul tuo amore e sii disposto ad accettare qualche battuta pungente. Ora ne sono capaci e non risparmieranno critiche.

Come gestire i figli in età preadolescenziale

La separazione è una grande rottura di scatole. In questo momento complicato della vita di un pre-adolescente, ci mancava anche questa di complicazione! Per i ragazzi di questa età, una cosa importante sono gli amici e questa diventa anche una delle principali preoccupazioni. I tuoi figli potrebbero vergognarsi della separazione, potrebbero temere di avere condizioni economiche che precipitano e che non permetteranno più l'agio nel quale hanno vissuto finora. Le abilità cognitive sono simili a quelle di un adulto, ma ricordati che il loro cervello deve ancora terminare lo sviluppo e il suo funzionamento è lontano da quello di una persona matura. I pre adolescenti si preoccupano quando vedono che uno dei due genitori non sta bene e potrebbero sentirsi combattuti nella scelta tra uno dei due 'contendenti'. Ci saranno sicuramente dei conflitti quando non otterranno ciò che vogliono e generalmente i preadolescenti sono molto abili a farti sentire in colpa, strumentalizzando a dovere il discorso separazione.

La scuola è l'ambito dove si possono avere le avvisaglie di qualcosa che non va. Informare i professori e i maestri è fondamentale per permettere loro di interpretare cambiamenti che osservano nei comportamenti e nel rendimento scolastico. Spesso ho assistito a somatizzazioni come mal di testa e mal di stomaco, ma non posso dire che, nella mia esperienza, siano la regola. Quello che vedo costantemente è il giudizio che in queste età viene espresso prima o dopo nei confronti dei genitori. Per anticipare ed evitare il giudice spietato che è in loro, è bene chiedere come si sentano e cercare di coinvolgere i figli nella gestione pratica della vita che verrà. Attenzione a non coinvolgerli in decisioni che riguardano, tuttavia, solo i genitori (principalmente le questioni economiche e patrimoniali) e a evitare le manipolazioni che gli adolescenti riescono talvolta a mettere in pratica.

Insisteranno per avere più dettagli, vorranno sapere cosa sta succedendo, ma fai attenzione a quanto condividi con loro: possono gestire più informazioni dei bambini più piccoli ma devono comunque essere protetti dai dettagli delle problematiche degli adulti. Problemi finanziari e cose che non possono gestire sono, compatibilmente con la situazione, da tenere lontane per non caricarli inutilmente.

Quando non sono più bimbi

In questa ultima parte mi riferisco a ragazzi che hanno più di quattordici anni. Come i preadolescenti, gli adolescenti sono concentrati su loro stessi e se la prendono con te e la tua separazione quando questa interferisce negativamente con le loro vite.

Se aggiungiamo che, in una buona percentuale di casi, la separazione rende tutti più poveri, diventa chiaro perché i tuoi ragazzi possano indispettirsi.

Ovviamente, a questa età comprendono benissimo cosa stia succedendo tra i loro genitori ed è probabile che si credano un po' avvocati e vogliano conoscere i dettagli del caso. Per quanto riguarda le reazioni, qui molto dipende dalla personalità, ormai già formata, dei figli: i comportamenti possono andare da rifiuto e opposizione a comprensione e soccorso in stile crocerossina.

Quello che ho visto accadere è, in generale, la tendenza ad abusare di alcol, talvolta di droghe, problemi a scuola (che arrivano anche all'abbandono scolastico), periodi di depressione e cambiamenti dei piani di studio. In questi casi consiglio vivamente il consulto con uno psicologo. Se stai pensando di rivolgerti a me, passo volentieri perché preferisco che tu ti rivolga a colleghi specializzati in questa caotica fascia d'età.

Quello che posso dire è che si deve tener aperto il canale comunicativo e favorire l'apertura dei ragazzi. Il clima deve essere cordiale, comprensivo, disposto ad accogliere dubbi e critiche che potrebbero muovere (lo faranno, non preoccuparti). Considerata la loro vita sociale molto fitta, il meglio per loro sarà venire a conoscenza dei cambiamenti della routine familiare con grande anticipo. Offri loro più possibilità di parlare di quello che succederà e rispondi in modo partecipe alle loro domande.

I figli adolescenti si dimostreranno molto interessati alla parte più pratica del divorzio e per poter partecipare all'organizzazione della nuova vita quotidiana in modo attivo hanno bisogno di sentire che tieni in considerazione tutte le loro necessità. Se questo sarà possibile, rassicurali che le loro attività e le interazioni con i loro amici non cambieranno.

BUONE PRASSI PER I GENITORI SINGLE

Anche da separati si può essere buoni genitori, mi verrebbe quasi da dire che talvolta sia anche più facile esserlo se il rapporto con il partner era disfunzionale. Come in tutte le cose di questo mondo serve pazienza e voglia di imparare. Sì, perché a scuola nessuno ci insegna a fare i genitori, figurati se ci insegnano a fare i genitori separati. Bene, il preambolo era per dire che non sarà facile e il tutto richiederà una certa dose di impegno. Non sarà una passeggiata, ci saranno problemi di comunicazione, gelosie, ingiustizie percepite e discussioni per questioni di tempo o economiche. Nelle coppie, per esempio, riscontro quasi sempre la tendenza a darsi la colpa l'un l'altra. Un ulteriore costante sono i problemi di comunicazione, che vanno risolti magari con un intervento sull'assertività.

Siete in due, anche se separati resterete in due a poter decidere per quanto riguarda la prole. Per questo è indispensabile che vi consultiate ogniqualvolta ci sia una decisione da prendere. La prima problematica che incontro di solito è: quali sono le decisioni per le quali è necessario consultarsi? La risposta varia da coppia a coppia. Quello che è importante è parlarne, trovare il tempo per incontrarsi e chiedersi: quali sono gli ambiti per i quali vogliamo essere consultati? Ci sono coppie che fissano le aree di competenza, altre fissano soglie per le spese e altre fissano entrambe le cose. Quando vi incontrerete in un clima collaborativo, e tenendo presente che al primo posto c'è il bene dei figli, potrete anche annotare le decisioni prese su un quaderno.

Il quaderno della concordia

Può essere un quaderno vero e proprio oppure un documento condiviso online dove potrete annotare i diversi accordi che prendete in via privata e stragiudiziale. Si tratta di tutti quegli aspetti per i quali essere sicuri di aver capito bene. Troppe volte ho visto litigi inenarrabili per incomprensioni. Ex marito: *"Avevi detto che durante le vacanze estive il bimbo sarebbe stato con te e ora hai cambiato idea"*. Al che, l'ex moglie risponde: *"Cosa hai capito? Avevo detto che sarebbe stato con mia mamma, non con me"*. E fu così che si innescò una lite. Per evitare molti fraintendimenti, una base comune sulla quale annotare gli accordi presi è consigliabile.

L'isola felice

Un posto che ti faccia sentire calmo/a e positivo/a potrà migliorare il modo in cui ti senti e ti renderà più efficiente nell'aiutare i tuoi bambini a superare i cambiamenti che la separazione inevitabilmente porterà. Per isola felice intendo un luogo - e anche un tempo - dove poterti rilassare senza far niente. Importante per ricaricarsi è il sonno ed è bene riservare a questo il tempo che si merita. Per essere al 100% con i tuoi bimbi devi essere riposato/a. Lo dico in particolar modo agli stakanovisti e ai malati del sabato sera. Lavorare troppo o darsi troppo spesso a serate spericolate consuma energia che poi potrebbe non bastare per passare del tempo di qualità con i bambini. Nel caso non riuscissi a ricaricarti in autonomia, allora il ricorso a un terapeuta è consigliato. Lui saprà darti gli strumenti adatti per trovare il giusto equilibrio.

Figliocentricità delle scelte

Stai per perdere la pazienza perché il tuo ex ha deciso in autonomia per il corso di equitazione, oppure perché hai visto che acquista dei succhi di frutta da zuccherificio per il tuo bambino. Il primo pensiero che ti viene è quello di polverizzarlo con una scarica di parole. Il secondo pensiero che vorrei sovvenisse è: "Come può questa azione migliorare la vita di mio figlio?". Nel caso portato come esempio, il fatto che tuo figlio non beva succhi con troppo zucchero è sicuramente positivo, ma quanto lo sono i modi aggressivi usati per comunicarlo? Essere figliocentrici vuol dire **chiedersi sempre e comunque come un comportamento, una comunicazione o un'azione possa impattare sulla vita dei bambini**. Attenzione: come avrai già intuito non mi riferisco solo ai contenuti delle comunicazioni, ma anche alla loro forma. Sempre tornando all'esempio, una comunicazione del tipo: "*Brutto mascalzone, ma allora non capisci un cavolo! Quante volte ti ho detto di non comprare quelle schifezze di succhini*" ha una parte di contenuto che potrebbe essere utile. Tuttavia, ha anche aspetti problematici e rischia di far scoppiare un putiferio fra i genitori. Se il comunicante si fosse posto la domanda figliocentrica che ho menzionato sopra, allora avrebbe probabilmente riconosciuto utile solo una parte della comunicazione. Avrebbe di conseguenza modificato la frase scartando il contenuto superfluo (turpiloquio) e sistemando la forma. Il risultato potrebbe essere: "*Caro/a, penso sia una buona idea quella della frutta per nostro figlio. Ho letto però che ci sono alcuni succhi con molti*

zuccheri aggiunti e temo che il succhino che stava bevendo oggi ne avesse davvero troppi, cosa ne pensi?".
Poi, ovvio, ognuno ha i propri modi. Il punto che voglio ribadire è quello di chiedersi quanto sia utile per i figli quello che dici o fai, prima di passare all'azione. Questo vale anche nelle interazioni con il tuo/la tua ex.

Quello che deve esserci sempre e comunque come base è il rispetto reciproco e la civiltà con la quale si tratta l'ex partner. Il ruolo di genitori non deve venire a mancare anche dopo la fine della relazione come partner. Riconoscere il valore dell'altro genitore e rispettarne il ruolo attivo nell'educazione dei figli ti aiuterà ad avere un rapporto migliore per aiutarli.

"Dai, chiama papà. Sai che hai promesso di sentirlo"

Intenzioni vendicative o ripicche sono negative per i figli. Che tuo figlio abbia un ottimo rapporto con il tuo ex o la tua ex è importante per la sua crescita. Per questo, in qualsiasi occasione, un genitore deve essere promotore del rafforzamento di questo rapporto. Un genitore deve caldeggiare una videochiamata del bimbo verso l'altro genitore che si aspetta di sentirlo. Purtroppo, spesso assisto a comportamenti che, anche se molto velatamente, tendono a creare ostacoli e barriere anziché ponti nei confronti dell'altro genitore. Frasi del tipo: *"Ma sì, dai, lascialo giocare, anche se non ci parli per questa volta lo farai domani"*; oppure: *"Ops, mi sono dimenticato di farti chiamare, ma sai era così impegnato a giocare con gli amichetti..."* alla fine sono deleterie, oltre che per l'ex partner, anche per il tuo bimbo. Andrò anche oltre, dicendo che, anche se senti di aver risolto un problema che tuo figlio ti ha confidato di avere, sarebbe giusto che ne rendessi partecipe comunque l'ex partner, in modo da metterlo nelle condizioni di capire meglio vostro figlio.

Cose che i bimbi dimenticano

Gli effetti personali dei tuoi figli come i giocattoli, il telefonino o quant'altro, dovranno inevitabilmente 'viaggiare' tra le due case. I bambini tendono a dimenticare le cose, quindi mantieni un atteggiamento onesto e bilanciato nella gestione degli oggetti smarriti. Fingere di non notare una dimenticanza per agevolare il ritorno del figlio è un colpo basso che non aiuta la tua autostima e crea una motivazione estrinseca per venire a trovarti. In parole povere, se l'intenzione è quella di invogliare tuo figlio a farti visita, creare le condizioni perché esso desideri farlo in virtù di una cosa da recuperare, non aiuterà ad aumentare il desiderio di vederti del tuo bimbo.

INTERAZIONE CON I FIGLI

La legge di conservazione della massa

Se non la conosci, questa è più o meno la sua formulazione: nulla si crea e nulla si distrugge, ma tutto si trasforma. In parte, questo è vero anche per la tua famiglia. Il nucleo difatti non viene distrutto dal divorzio, ma viene trasformato.

I bambini hanno ora due case invece di una, delle altre aspettative, nuovi luoghi da frequentare, nuove persone da conoscere. La famiglia è ora meno densa perché i suoi componenti possono essere geograficamente lontani, ma è comunque caratterizzata da legami. Anche se tu e il tuo/la tua ex non vivete più insieme, dovete far crescere sani i vostri figli rimanendo attivamente impegnati come genitori.

Mentre ricostruisci la tua vita e ti adatti a questo nuovo stile di famiglia, i tuoi comportamenti e le parole che dirai faranno la differenza. Ok, lo spazio aumenta, e per questo, se vuoi passare lo stesso tempo che passavi prima con i tuoi bambini (o perlomeno provarci), dovrai diventare abile nell'organizzarti e ritagliarti momenti con loro. Questo è vero per chi convive con i figli ed è ancora più vero per chi abita in un'altra casa. Non è necessario passare settimane di fila con i propri figli. Spesso basta passare del tempo di qualità in modo regolare e prevedibile per coltivare quel rapporto di cui entrambe avete bisogno. La tua attenzione aiuterà ognuno di loro a sentirsi speciale e importante. Allo stesso tempo, darà loro l'opportunità di ricercare la tua rassicurazione sui problemi che potrebbero turbarli. Anche se il tempo che spendete insieme non è infinito, l'accento va posto sul *come* lo passate. Essere presenti nel qui e ora (frase mutuata dalla filosofia buddista) è oltremodo importante quando stai con i bambini. Negli interventi domiciliari mi capita di vedere figli e genitori passare del tempo insieme... ai propri telefonini. Ecco, non credo questo sia un rapporto nutriente, né per tuo figlio né per te. In concreto, anche se poco, il tempo trascorso con i propri figli deve essere di qualità.

Uno stratagemma per creare momenti di condivisione è organizzare attività da fare insieme. È difficile ritrovarsi a leggere il giornale per conto tuo, mentre tuo figlio sta davanti alla tv, se hai progettato di fare la legna insieme o di preparare una torta o di colorare un album.

Se hai più figli, potresti passare del tempo con loro a rotazione facendoli andare a letto un po' più tardi del solito a turno. Usa questo tempo come un privilegio. Attenzione, però, a fare le cose in modo equo e senza creare attriti. Ti metto in guardia anche dal cercare di sopperire a sensi di colpa e mancanze con regali e doni materiali. L'unico regalo che probabilmente vale la pena fare senza esitazioni è un'esperienza (un viaggio, un'avventura, una cosa da fare insieme). Il resto è piacere edonico che dura poco.

Mio padre preparava l'orto d'inverno

Per avere dei frutti dal proprio divorzio bisogna iniziare a preparare il terreno per tempo e impedire alle erbacce di prolificare. Questo significa predisporre nei particolari i passaggi del divorzio, compreso anche il come verrà comunicato e come verrà gestito. Una volta preparato il terreno, bisogna iniziare a seminare e il seme più adatto in questi casi è quello della speranza.

Con i bambini, la speranza passa per diversi canali, verbali e non verbali. Nei bimbi più piccini il canale non verbale assume l'importanza maggiore. La speranza viene seminata usando modi che infondano rassicurazioni sul futuro. Da un punto di vista verbale, possono esser frasi che incoraggiano l'ottimismo. Cogliere gli aspetti positivi del futuro, parlare di cosa si potrà fare è un esempio. Da un punto di vista non verbale, un abbraccio vale come cento parole. Anche il semplice guardare il tuo bambino negli occhi può infondere quella sicurezza di cui ha tanto bisogno. La separazione fa paura e non solo ai bambini. Le coppie sono spaventate e schiacciate dai sensi di colpa. Quando sei spaventato diventa difficile dare rassicurazioni. Il mio sforzo, con coppie che hanno deciso di separarsi, diventa quello di supportarli nella decisione e mostrare che nel lungo periodo tutto andrà bene. In fondo so che è vero, perché ne ho viste tante e sono consapevole che questo avrà effetti positivi anche sui figli. Dare speranza ai figli è uno dei molti compiti dei genitori per aiutarli a crescere sani attraverso la separazione; sia attraverso le parole sia attraverso le azioni, i tuoi figli devono ricevere di continuo un messaggio di speranza. Una delle tecniche usate in psicologia positiva è quella dell'esplicitare un ringraziamento per qualcosa che è accaduto ogni giorno. Questa può essere un'attività divertente e anche condivisa con i tuoi bambini. La capacità di vedere cose positive (anche piccole) che sono accadute durante la giornata insegna che, anche se apparentemente non c'è stato nulla di eclatante, esistono aspetti 'buoni' di cui essere grati. Lo stesso principio, poi, potrà essere applicato alla separazione che, pur sembrando un disastro, ha aspetti positivi e di crescita.

La comunicazione con i figli

Secondo un vecchio modello che descrive la comunicazione in psicologia, questa è fatta da quattro parti: un emittente, un ricevente, un messaggio e un medium (Shannon-Weaver). Nel paragrafo precedente abbiamo parlato (anche se limitatamente) di contenuto e forma del messaggio e di come questi debbano rispondere alla domanda: "Quali saranno gli effetti benefici per mio figlio in questa comunicazione?". Qui di seguito vorrei soffermarmi e ragionare dal punto di vista della quantità di messaggi mandati, ricevuti e persi che avviene nella tua comunicazione con i figli. Ogni volta che qualcuno comunica manda un messaggio, chi riceve in teoria ascolta e (verbalmente o non) dà una risposta. Più risposte positive riceve chi comunica, più questo sarà motivato a parlare. Se alcuni messaggi vanno persi, allora la comunicazione rischia di interrompersi. Talvolta capita che i messaggi vengano persi semplicemente perché non si ascolta. Ora, vorrei proporre una riflessione che potresti fare sulla tua, di comunicazione, mettendoti nei panni del ricevente. Quanto sei abile ad ascoltare e a dare feed back positivi a chi parla? Se vuoi fare un esperimento, prova a cronometrare il tempo in cui parli e il tempo in cui parla l'altro. Prova a contare quanti segnali positivi mandi a chi sta parlando per comunicare che hai capito, che approvi (se approvi) e che condividi (se condividi). Molto spesso sento genitori lamentarsi di figli che non si esprimono e restano chiusi in loro stessi. In una buona percentuale di casi, dopo aver analizzato qualche registrazione, scopriamo che i genitori non ascoltano. Tu come pensi di essere sotto questo aspetto? Fai parte di coloro che ascoltano i propri bimbi o no? Anche da piccolissimi, quando in pratica non riescono a mettere insieme un discorso, i bambini vanno ascoltati. Quando tuo figlio ti chiama e ha 2 anni, anche se dice cose insensate o deve mostrarti delle banalità (per te), l'esercizio da fare è quello di abbassarsi alla sua altezza e ascoltarlo intensamente. L'ascolto deve essere empatico e attivo. I feedback possono essere sorrisi o altre espressioni. Trattando in questo modo il tuo interlocutore, questo imparerà a esprimersi e vorrà dirti delle cose. Perché? Perché farlo è piacevole, fa sentire accolti, ascoltati e quando richiesto anche aiutati.

Se desideri che i tuoi figli si aprano con te, dovrai imparare ad ascoltare più che a parlare.

Occhio anche a controllare le critiche mosse alle sue esternazioni. Un feedback negativo ovviamente può essere trasmesso. Nel caso tuo figlio faccia qualcosa che non va o dica qualcosa che non condividi è sicuramente educativo e opportuno esprimersi in modo contrario. Tuttavia, meglio essere molto selettivi nel farlo e chiedersi sempre se quello che stai dicendo possa migliorare la vita dei tuoi figli.

Molti genitori che intervisto, dopo aver sentito queste parole si rendono conto delle difficoltà insite nell'ascoltare e nel non criticare e mi dicono che i loro genitori (nonni dei loro figli) li avevano spesso criticati aspramente quando loro, da piccoli, si esprimevano. Purtroppo, questa modalità viene appresa e tramandata nelle famiglie. Se questo è il tuo caso e ti riconosci, allora potrebbe essere una buona occasione per interrompere questa tradizione e allevare tuo figlio all'ascolto.

È apprezzabile cercare di creare un'atmosfera di accettazione e voglia di ascoltarlo anche quando ti parlerà delle cose più difficili. In questo modo guadagnerà fiducia in te e risponderà sinceramente. Ci sono delle frasi positive e propositive, come per esempio: "Dimmi di più ", "Veramente? ", "E come è stato? Oppure "... e come ti sei sentito?".

Un linguaggio del corpo aperto, un'espressione interessata e la tua attenzione saranno l'invito per il bambino ad aprirsi e a comunicarti i suoi bisogni. Non è necessario che tu dica molto, anche solamente un cenno di assenso potrà far sì che la conversazione fiorisca.

Un modo usato anche da noi terapeuti è quello dell'ascolto empatico. Sfortunatamente, comunicare con empatia non è così semplice. Per ascoltare veramente con empatia dobbiamo innanzitutto trovare il tempo (faccio riferimento al tempo di qualità al quale accennavo in un passaggio precedente). Bisogna anche trovare un genuino interesse nell'ascoltare quello che l'altro ci dice e questo, se siamo distratti, non è sempre possibile. Di conseguenza, per portare avanti una comunicazione empatica, oltre al tempo servono attenzione e concentrazione. Questa modalità dà il potere ai tuoi figli di risolvere i problemi e capire le cose. Quando rispondi ai tuoi bambini con empatia, significa che stai facendo del tuo meglio per comprendere i loro sentimenti, ti metti nei loro panni e cerchi di capire la loro esperienza. Loro, in cambio, si sentiranno supportati.

Si può essere empatici anche con un bimbo di due anni. Qui sotto, un esempio pratico che ho incontrato durante la mia formazione. L'esempio è stato riportato da John Gottman (eminente professore universitario statunitense, studioso di relazioni di coppia):

> Lui e sua figlia avevano fatto visita a parenti e stavano volando a casa. La bimba era annoiata, un po' scocciata e di cattivo umore. A un certo punto chiede del suo peluche più morbido. Purtroppo la zebra di velluto era stata spedita con il bagaglio da stiva. Capirai certo di come sia impossibile andarla a recuperare mentre l'aereo è in volo.

Padre: mi spiace, tesoro, non possiamo prenderla ora perché è nella pancia dell'aereo.

Figlia: voglio la zebra (piagnucolando).

Padre: lo so, cara, e la zebra non è qui. È nel compartimento bagagli sotto i nostri piedi e papà non può andarla a prendere fino a che non usciamo dall'aereo. Mi spiace.

Figlia: voglio la zebra! (piagnucolando e lamentandosi per poi iniziare a piangere e contorcersi per raggiungere una borsa dove mi aveva visto mettere delle merendine).

Padre: Lo so che vuoi la zebra (la pressione del padre sale), la zebra non è in quella borsa e non ci posso fare niente. Perché non leggiamo la storia di Ernie, il tuo libro preferito?

Figlia: no, non voglio Ernie. Voglio la zebra (la bimba inizia ad essere arrabbiata ed alzare il tono della voce).

A questo punto il padre iniziava a notare degli sguardi del tipo "faccia qualcosa, la faccia smettere" da parte degli altri passeggeri e anche di sua moglie. Il padre inizia a osservare con empatia (si mette al posto della figlia) e intuisce quanto questa possa essere frustrata. In fondo, il papà non è colui che dal niente fa apparire un panino al burro di arachidi? Non è colui che fa apparire i dinosauri viola con una semplice pressione di un tasto sul telecomando? Come è possibile che ora non riesca a prendere il suo giocattolo preferito?! Così il padre capisce che anche non potendo offrire la zebra può offrire comprensione ed empatia.

Padre: ti piacerebbe avere la zebra ora.

Figlia: sì.

Padre: e sei arrabbiata perché non la possiamo avere ora.

Figlia: sì.

Padre: ti sarebbe proprio piaciuto avere la zebra.

Figlia: sì (iniziando a guardare il padre incuriosita e sorpresa).

Padre: forse sei stanca e fare le coccole con la zebra sarebbe bello. Anche io avrei voluto avere qui la zebra, anzi mi piacerebbe trovare un bel lettone là tra i sedili e che questo fosse pieno di peluche.

Figlia: sìì.

Padre: non possiamo avere la zebra ora perché è chiusa in un altro posto. Mi spiace molto e sono triste come lo sei tu per questo.

Figlia: sì, sono triste (e continua a lamentarsi sotto voce per un po' fino ad addormentarsi)

Ho scelto un estratto autorevole e difficile per mostrare che se è possibile essere empatici con un bimbo di due anni è sicuramente possibile esserlo anche con figli più grandi. Se volessi approfondire, il testo è stato tradotto dal libro "*The Heart of Parenting: Raising an Emotionally Intelligent Child*" di J. Gottman (consiglio la versione con l'introduzione di Goleman). Una volta che la persona si sente riconosciuta, validata, accolta nelle proprie emozioni è più facile comunicare.

Con i bimbi più piccini è essenziale notare il linguaggio del corpo, perché quello verbale è troppo povero. Con i bimbi più grandi è necessario osservare il linguaggio del corpo perché è quello che solitamente dice la verità. Non mi riferisco al diventare esperti di linguaggio non verbale, ma parlo di notare anche solo semplicemente le espressioni di gioia o tristezza più basilari che i nostri interlocutori mostrano. Notare un broncio quando si chiede al proprio figlio se tutto vada bene è abbastanza semplice: basta osservare.

I bambini più piccoli sono più semplici da interpretare, la rabbia, la tristezza o la gioia si leggono sui loro volti. Il tono alto delle loro voci, il loro comportamento eccessivamente sciocco, il colpire gli oggetti, tirare calci, fare le linguacce, sono tutti messaggi molto chiari che riflettono i loro sentimenti. I bambini un po' più grandi richiederanno più impegno da parte dei genitori, perché tendono a essere meno ovvi nel dimostrare ciò che li turba.

Potrebbe essere più difficile determinare la causa di comportamenti come braccia incrociate in segno di sfida, porte sbattute e crisi di rabbia, perché alcuni casi i segnali del corpo non corrispondono alle parole che vengono dette. Quello che posso dire, per dare una mano, è di prestare particolare attenzione alle incongruenze fra il dire e il fare. Un esempio: il figlio adolescente sembra infastidito, gli chiedi se tutto vada bene e lui a parole risponde di sì, ma usando un tono alto, girandosi dall'altra parte e sbattendo la porta mentre esce. Ecco, questa è un'incongruenza che va perlomeno approfondita, come al solito con empatia.

Empatia durante e dopo la separazione

Capire, dal punto di vista dei figli, cosa si prova durante un divorzio è molto complicato. Del resto, i bambini sono dei veri esperti nel tenere nascosti i loro sentimenti più profondi, specialmente quando si tratta di qualcosa di emozionalmente impegnativo. Con questo intendo qualcosa di legato alla tristezza, al dolore, al senso di colpa, all'imbarazzo, alla vergogna. Spesso, sono proprio queste le emozioni che accompagnano la separazione e non c'è da meravigliarsi che non siano a loro agio nell'esprimerle.

In rari casi ho incontrato genitori che sono stati eccezionalmente bravi a insegnare a gestire le emozioni. Di solito, i bambini non conoscono nemmeno le parole per descriverle accuratamente. Da queste osservazioni risulta chiaro del come sia difficile comprendere, e quindi empatizzare, con un bimbo che non sa nemmeno esprimere le emozioni che prova. Un trucco per aggirare l'ostacolo, specialmente con i bambini più piccoli, è parlare con il comportamento. Rispecchiare il comportamento (quando non è violento) è un buon modo per iniziare a danzare insieme al tuo bambino e agevolare la sua apertura. Ecco un esempio pratico: immagina un bimbo che resta sulle sue, seduto in un angolino della stanza. Avvicinarlo e sedersi al suo fianco è una prima mossa. In molte occasioni i bimbi usano il gioco e con questo comunicano implicitamente quello che sentono. Se tuo figlio ha un aspetto triste e inizia a prendersi cura della bambola dicendo che non sta bene ed è ammalata, potresti metterti a giocare con lui e prenderti cura della bambola. Magari a un certo punto puoi chiedere se può fingere di essere lui il malato e tu colui /colei che lo cura. In molti casi, anche con bambini che avevano problemi dello spettro autistico o con ritardo mentale, queste tecniche primitive di rispecchiamento si sono dimostrate molto utili.

Sono i genitori che devono imparare a parlare la lingua dei loro figli, un linguaggio speciale. Si tratta di un leggere tra le righe e iniziare a capire quali siano i loro veri sentimenti.

Un altro motivo per il quale risulta difficile entrare in empatia con i nostri figli è perché fa male. Le emozioni scatenate dalla separazione sono negative, i problemi tanti e soffrire ancora di più entrando in empatia diventa difficile. Quante volte ho visto fare proprio l'opposto e cioè censurare, far tacere, screditare emozioni negative nei figli con frasi del tipo: "dai, non è successo niente", "non hai motivi di essere così triste, o arrabbiato", "ora stai esagerando, non c'è bisogno di fare quella faccia, o di piangere", "smettila di piangere, non è poi così grave" ecc. Con queste affermazioni, i bambini possono percepire una vera e propria squalifica delle emozioni e con il passare del tempo possono perdere la fiducia nella capacità di interpretare ciò che realmente sentono.

Quando i bambini sanno di non dover nascondere i loro veri sentimenti si arrabbiano di meno, riescono a comprenderli meglio e a dare un nome a ciascuna delle loro sensazioni.

Un libro che consiglio allo scopo di allenare i propri figli (e anche sé stessi) alle emozioni è: *The Whole-Brain Child: 12 Revolutionary Strategies to Nurture Your Child's Developing Mind"* di J. Siegel.

PIANIFICARE IL DISCORSO DELLA SEPARAZIONE

Per chi avesse già compiuto il passo di parlare con i propri figli della separazione, in questo capitolo potrebbe trovare comunque spunti interessanti, in modo da sistemare cose non dette o azioni non fatte. Talvolta arrivano da me coppie che hanno per esempio parlato separatamente ai bambini (prima uno poi l'altro partner), che non hanno mai affrontato ufficialmente la cosa oppure che hanno trattato frettolosamente e in modo sbrigativo l'argomento. Anche se la separazione è già avvenuta, alcuni passaggi possono, e probabilmente devono, essere attraversati nel modo più proficuo. Se non fosse già accaduto, arriverà il momento in cui tu e il tuo/la tua partner dovrete parlare seriamente con vostro figlio. Come farlo in modo corretto ed efficace? Esistono alcune condizioni che riposto a mo' di lista qui sotto e che poi spiegherò meglio nei capitoli a seguire.

1) La decisione di separarsi deve essere già presa e sicura;

2) la separazione effettiva deve avvenire a breve dopo il discorso;

3) la data della partenza del genitore che esce di casa deve essere nota (anche in modo approssimativo);

4) le condizioni geografiche e logistiche del post separazione devono essere già fissate;

5) le informazioni che potrebbero essere date ai figli devono essere condivise e accettate da entrambe i genitori;

6) il luogo e il tempo da dedicare alla comunicazione devono essere preventivamente decisi;

7) ci deve essere condivisione sulle cose da dire. In nessun modo la condivisione della notizia dovrà trasformarsi in una lite;

8) i bambini devono essere tra le prime persone a sapere della separazione, questo per evitare che qualcuno possa riferirlo ai bimbi prima di te.

Se questo scritto fosse una sinfonia, penso che l'aria o il tema principale potrebbe essere riassunto con la frase: il disaccordo dei genitori non deve ricadere sui figli. La lista di cui sopra segue questo principio. Il fatto che tutte le cose siano concordate preventivamente salva i figli da discussioni o litigi. Ci sono casi in cui i bambini probabilmente sono già a conoscenza dei problemi in casa (soprattutto quando le liti sono molto intense e frequenti): in questa circostanza, la decisione di divorziare non li coglierà di sorpresa e potrebbero addirittura considerarla un'idea positiva. Le liti non disturbano solo te. I bimbi arrivano talvolta alla separazione esausti e non vedono l'ora che la guerra finisca. Sfortunatamente, però, alcuni genitori continuano a litigare anche dopo la separazione.

Ci sono famiglie che decidono di tenere a lungo nascosti i problemi ai propri figli, ma questa può essere un'arma a doppio taglio. Quando i bambini credono che il loro mondo sia perfetto, si sentiranno presi di sorpresa, proveranno un senso di tradimento e potrebbero sviluppare dei dubbi sulle loro stesse capacità di capire cosa stia succedendo.

A ogni modo, il momento arriva e la verità va detta. Riguardo all'essere sinceri, ritengo che questo sia il fondamento per un rapporto sano. In questo frangente il dettaglio con il quale svelare cosa stia accadendo potrebbe essere traumatico per cui, in linea generale, tenderei a rispondere a qualsiasi domanda i bambini facciano, nel modo più sincero e con la giusta dose di dettagli. Faccio un esempio. In un caso, lo ricordo bene anche se risale a qualche tempo fa, una domanda del bambino era proprio diretta a capire cosa il papà facesse di male alla mamma. Il motivo principale per il quale la signora voleva separarsi erano le violenze del marito nell'intimità. L'uomo la costringeva a pratiche estremamente dolorose, tanto da essere stata anche ricoverata per le lesioni subite. La risposta della mamma alla domanda del bambino su cosa facesse di male il papà è stata sincera e vaga. La madre non è scesa nei dettagli, ma allo stesso tempo è stata sincera dicendo che papà aveva molti comportamenti che lei non tollerava e di conseguenza papà e mamma non andavano più d'accordo.

Tieni conto di una cosa: più chiaro sarà il messaggio, meno dubbi lascerà e meno confusione creerà nei tuoi bambini. Quando c'è confusione, incomprensione e libertà di interpretazione i bambini sono maghi nell'immaginare cose che non sempre fanno bene.

Un progetto che definisca gli aspetti del post separazione diventa importante e aiuta a essere pronti per le eventuali domande che i figli faranno. Il momento in cui i genitori comunicano la decisione di separarsi ai figli è spesso marchiato a fuoco nella memoria della persona. Questo momento, probabilmente (a dirlo sono delle ricerche), resterà impresso come ricordo per molti anni, se non per tutta la vita.

Nella migliore delle ipotesi, potrai farlo insieme all'altro genitore, ma se non fosse fattibile, per i più svariati motivi, dovrai crearne uno tu stesso/a.

Il tuo piano dovrà essere il più dettagliato possibile per evitare che tuo figlio sia lasciato in balìa delle sue emozioni e delle sue paure. Avrà bisogno di risposte precise, ad esempio su dove vivrai, in caso tu sia il genitore che si trasferisce (con riferimento al punto 3 e 4 della lista di cui sopra). Se si tratta di un nuovo appartamento puoi premettere che ti piacerebbe arredare la sua cameretta con il suo aiuto. Se si tratta di una stanza già arredata puoi comunque invitarlo a scegliere cose per personalizzarla.

Il piano deve esserci. Se non esiste, va bene anche qualcosa di temporaneo. Una frase del tipo: *"Per il momento papà andrà a stare a casa della nonna poi quando troverà un appartamento gli darai una mano a sistemare i tuoi spazi"* dà comunque una certa sicurezza.

Puoi, nel caso lo chieda, descrivere esattamente gli spostamenti che dovrà fare, i giorni e gli orari che passerà con te e quelli che passerà con l'altro genitore. Includi nel tuo piano anche il ruolo del gatto o del cane. I bambini sono molto sensibili e si preoccupano molto dei loro animali. La prevedibilità crea sicurezza nei bambini, meglio perciò provare a limitare i cambiamenti (per esempio scuola, quartiere, ecc.).

Resistenze alla pianificazione

Ci sono genitori che per personalità, indole, pigrizia pensano di non aver bisogno di un piano preciso per aiutare i loro figli a superare la separazione. Sappi che non avere una pianificazione di quello che accadrà sarebbe per il bambino l'equivalente di mettere assieme un puzzle senza avere un'immagine guida. Inoltre, senza un piano preciso prestabilito ci sono troppe variabili che potrebbero far andare male le cose: orari sbagliati, impegni di lavoro che si sovrappongono, compiti da fare senza libri, capire quando e se un figlio possa dormire presso la casa di un genitore, e mille altri aspetti. Anche in caso di relazione estremamente amichevole tra te e il tuo/la tua ex partner, è bene avere un piano di base da seguire che potrete entrambi modificare in corso d'opera. Ogni nuovo cambiamento potrà essere considerato un bonus a patto che sia tu sia l'altro genitore siate in accordo e non ci siano conflitti. Ricorda: il progetto va fatto con i bambini in mente.

Servono due persone per fare un figlio

Come diceva la vecchia pubblicità di un gelato, *"due gusti is meglio che one"*. Anche nel comunicare la separazione, due genitori sono meglio che uno. Questo in linea teorica, poi in pratica ci sono dei casi in cui a fare il discorso è opportuno che sia un solo genitore. Per esempio, quando un genitore è impossibilitato oppure quando il grado di conflittualità fra i due genitori non lo permette. Lo scopo di questo momento è quello di dire ai propri figli che mamma e papà si separano e che comunque sia mamma sia papà ci saranno sempre per loro.

Ci sono aspetti pratici che rendono vantaggioso il fatto di parlare insieme. I bambini dovrebbero percepire che entrambi i genitori sono d'accordo sul fatto di separarsi e, anche se magari non è proprio il tuo caso, meglio arrivare davanti ai bimbi con un'unione di intenti. Capisco che spesso la separazione sia un'iniziativa unilaterale e il voler sembrare d'accordo possa passare come una forzatura. Tieni presente che si arriva, prima o poi, a un'accettazione anche da parte del genitore che subisce la decisione. Quindi, il presentarsi uniti è solo un anticipare questo momento di accettazione (e spesso anche di rassegnazione). Un altro vantaggio del fare fronte comune e comunicare la vostra compattezza nella decisione di separarvi, è che sarà più difficile per i figli prendere le difese di uno o dell'altro genitore. I figli arrivano presto a conclusioni del tipo "se è mamma che lascia papà, allora la separazione è colpa della mamma"; e tu non vuoi creare ulteriori divisioni nella famiglia, anche se la tentazione di avere degli alleati contro l'ex partner è ghiotta. I figli non vanno dilaniati nella lotta fra mamma e papà.

Un altro vantaggio è quello dell'autorevolezza della quale questa decisione beneficerà. I bimbi saranno contrari alla separazione e se percepiscono un disaccordo fra genitori troveranno strade per cercare di sfruttarlo, ancora una volta prendendo le parti di uno o dell'altro. Ulteriore aspetto negativo è quello di avere un bambino con delle speranze di riunificazione. Il tipo di ragionamento che un bambino potrebbe fare è: "se mamma non è d'accordo con papà nel separarsi, forse io posso convincere papà a non farlo". La speranza, se mal riposta, è causa di dolore infinito. Ricordi il vaso di Pandora? Per chi non avesse familiarità, il mito di Pandora indica, come racconta Esiodo, che la speranza è un male, anche se di tipo particolare, distinto dagli altri mali che sono racchiusi nel vaso di Pandora. Essa è un male che sembra buono, perché la speranza induce sempre ad attendere qualcosa di meglio.

Provare e riprovare

Questo messaggio è talmente importante che vale la pena fare delle prove. Hai presente la foto del bacio scattata durante il matrimonio? Un tempo, e forse anche oggi, durante il matrimonio il fotografo ufficiale allontanava dalla festa gli sposi per fare loro delle foto. Fra queste, quella del bacio era la più curata. Il fotografo faceva mille scatti e provava mille volte prima di arrivare alla foto perfetta. Ora, senza anelare alla perfezione, penso che valga la pena provare questo discorso prima di farlo veramente. Ricorda che gli attimi in cui dai la notizia resteranno impressi probabilmente per tutta la vita nella mente dei tuoi bimbi. E se non provi in coppia, allora prova da solo/a davanti a uno specchio. Il tono della voce e la postura dovranno trasmettere tranquillità ai tuoi bambini e fare delle prove ti renderà più sicuro/a di te.

Considerazioni pratiche

Il discorso va fatto singolarmente oppure a tutti i figli contemporaneamente? La risposta è: dipende. Normalmente si può parlare con tutti i figli nello stesso momento, a meno che non ci siano grandi differenze di età fra loro. Se, per esempio, uno è piccolo e l'altro è già adolescente, allora meglio dirlo in momenti separati. Questo perché i linguaggi da usare sono diversi e le reazioni dei figli sono diverse. Immagina quali domande possa fare un figlio quindicenne e quali un bambino che frequenta la prima elementare. È evidente che, in questi casi, i dettagli che daresti a un figlio più grande possono essere risparmiati al più piccolo, proprio perché inutili e incomprensibili per lui. È invece un 'must', un dovere, essere presenti come genitori. Sia papà sia mamma devono esserci e, come già detto più volte, non possono farsi la guerra. I vantaggi della compresenza sono molteplici: si dà lo stesso messaggio, non si rischia di avere un genitore che possa scaricare la responsabilità sul genitore assente e si può rispondere insieme alle domande. In caso di genitori lontani, piuttosto che dare la notizia da soli sarebbe meglio organizzare un incontro in videochiamata. Il massimo resta, ovviamente, la presenza fisica, ma se proprio questa non è possibile la videochiamata è meglio di niente. Un altro aspetto importante, che va curato, è la scelta del momento per dare la notizia. La notizia va data quando le cose sono già state decise. Dare la notizia della separazione quando non si sa ancora la data di uscita di casa di mamma o papà è solitamente deleterio. Vero è che molto dipende dall'età del bimbo: se è abbastanza grande da fare qualche ragionamento, probabilmente passerà questo tempo indeterminato a fantasticare e sperare che mamma e papà restino insieme. Quindi, il discorso si fa quando si è sicuri e si hanno possibilmente date precise e dettagli operativi: chi va dove, chi accompagna chi, chi fa cosa. L'ideale sarebbe dare la notizia poco prima che papà o mamma lascino la casa. Una settimana prima dell'uscita può essere un buon compromesso e magari in questa settimana i bambini possono partecipare al trasloco. Tieni conto che più grandi sono i bambini e più tempo possono aspettare, perché sono più maturi e hanno maggiore capacità di rappresentare il tempo, abilità che nei bambini più piccoli è limitata o assente. In linea di massima, far partecipare i figli alla scelta di cosa portare nella nuova casa aiuta a scandire questo tempo di attesa e fa sì che i bambini accettino meglio questa nuova realtà.

In questo scambio comunicativo, la condizione più difficile è vissuta dal genitore che viene lasciato e magari è opportuno pazientare se questo non si sente pronto. Lo so, lasciarsi ti spacca il cuore, ma è un passo da fare. Quindi, forza e coraggio! Se non ci si sente pronti, meglio rivolgersi a uno psicologo esperto in relazioni famigliari e fare un accompagnamento alla separazione.

Le condizioni in cui dare la notizia sono quelle di massima tranquillità, senza interruzioni, senza fretta. Alcuni bambini hanno bisogno di più tempo per comprendere e fare domande, mentre altri non ne fanno per niente e sembrano già pronti alla separazione. L'importante è essere pronti a trascorrere con loro anche diverse ore. Per questi motivi la notizia potrebbe essere data all'inizio di un week end, in modo da non essere disturbati dal lavoro e aver il tempo di ascoltare per un paio di giorni. Altro aspetto fondamentale è quello di dare la precedenza ai bambini anche da un punto di vista temporale. I bambini vanno informati prima di tutti gli altri (a parte avvocato e psicologo), perché a loro va il tuo rispetto e anche per evitare che lo zio di turno possa dirglielo prima che lo abbiate fatto voi genitori. In qualche caso, una buona preparazione è stata annullata da un'incauta gestione della notizia, che è trapelata in malo modo prima che i genitori potessero parlare con i figli. Sarebbe un peccato, oltre che un rischio e una mancanza di rispetto verso di loro. Dopo aver dato la notizia, fai finta di essere un medico del pronto soccorso: sempre reperibile. Quindi, per un congruo periodo di tempo evita viaggi, ritiri o situazioni che ti rendano irraggiungibile.

Dove comunicarlo

È bene evitare i luoghi che non permettono privacy e che sono estranei ai propri figli. Da evitare, quindi, le case dei nonni o altre case. Il luogo ideale è casa tua, in un posto dove nessuno possa disturbare e che sia ben noto ai tuoi figli. Un luogo protetto può essere la cameretta, ma anche la sala o la cucina. Tv, radio, stereo e altre diavolerie devono restare spente e l'ambiente deve essere confortevole. Talvolta, alcuni genitori mi chiedono di fare il discorso con me presente; solitamente, faccio con loro delle prove, ma preferisco che gestiscano loro, a casa, il discorso. Questo a meno che non ci siano stati problemi particolari con i figli, ovviamente. Penso che questa rottura debba avvenire nell'intimità della famiglia e che un terapeuta, per quanto bravo, debba restare fuori da questa intimità.

Il luogo deve essere tale che, anche in caso di lacrime e urla, nessuno si allarmi. È raro vedere una reazione di panico o violenta. Tuttavia, nel caso di bimbi particolarmente liberi ed emotivi meglio scegliere un luogo dove nessuno possa allarmarsi (i vicini di casa, per esempio). Le reazioni che escono vanno accolte, ascoltate e assorbite. Se il bambino reagisce male si empatizza con lui, magari abbassandosi alla sua altezza e parlando in modo calmo e gentile. Sentire che mamma e papà si separano è molto spiacevole e reazioni di disperazione e profonda tristezza potrebbero essere espresse con una certa intensità.

Alcune trappole

La tendenza a essere accomodanti e a mettere i figli sullo stesso livello decisionale dei genitori può giocare brutti scherzi. Spesso si chiede ai figli il consenso o la benedizione per fare qualcosa. Un esempio potrebbe essere l'organizzazione di una gita per la quale magari si chiede ai propri figli se siano d'accordo e se piaccia l'idea. Nel caso della separazione, questo tipo di comportamento è sconsigliabile. Non è possibile chiedere la benedizione dei figli o il loro consenso per argomenti come la separazione. Prima di tutto, la decisione è stata presa e non potrà essere cambiata; inoltre, la scelta di separarsi o non separarsi non è loro responsabilità. I bambini, in questa fase, dovranno solo prendere atto di una decisione, perché si tratta di una scelta imposta dall'alto. Mi raccomando, i genitori devono fare i genitori, prendere decisioni e assumersi le relative responsabilità.

Un'altra trappola è quella di scendere nei meandri delle giustificazioni. Le spiegazioni da dare sulle motivazioni della separazione possono essere semplici come "mamma e papà non vanno più d'accordo" oppure "mamma e papà non stanno più bene insieme". Spiegare che papà ha un'altra donna, oppure che mamma ha un altro uomo non serve in questo momento (sto facendo solo un esempio di motivazione alla separazione che è inutile comunicare ai figli). Il rischio, inoltre, è quello di finire a parlar male dell'altro genitore. Rischio da evitare accuratamente. Papà e mamma si separano perché non stanno più bene insieme

73

e la colpa non è di nessuno dei due. Semplicemente le cose sono andate così.

In questo momento delicato cercherei di evitare le interruzioni: niente telefonini, tablet, computer o televisione.

Particolare attenzione va anche al linguaggio non verbale, perché i bambini sono veri esperti nella sua lettura.

Bisogna fare attenzione, oltre che a non colpevolizzare il partner, anche a evitare battute, sarcasmo o commenti che possano buttarla sul ridere. Il momento è delicato e la comunicazione deve essere congrua. Attenzione: non sto dicendo di castrare le emozioni, che sono da esprimere. Quindi, se il momento è triste è giusto che la tristezza trapeli. Ovviamente non è il caso di bloccare il discorso e scoppiare in un pianto dirompente (per questo poco sopra ho suggerito di aspettare magari un po' di tempo, se la persona lasciata ha crisi di pianto). Lacrime, voce che trema, espressioni tristi sono ok e da accettare. Anzi, permettendoti di esprimere i tuoi sentimenti insegnerai ai tuoi figli che non c'è niente di male nel mostrare anche emozioni negative. Alla fine, dovrà comunque trasparire il tuo amore incondizionato nei confronti dei figli. Questo potrà essere espresso non solo da un punto di vista verbale, ma anche con gesti ed espressioni.

Infine, nella mia esperienza con coppie che si separano una delle paure che concorrono nel rimandare il discorso - o nel non farlo chiaramente - è quella di ferire i figli. Ciò che dico in questi casi alla coppia è molto semplice: non esiste un modo indolore per separarsi, a meno che tuo figlio non sia talmente piccolo da non accorgersi che mancherà una figura. Rimandando, tacendo, tergiversando si rischia di rendere la cosa ancora più dannosa. Tieni anche a mente che questo non sarà un cortometraggio, ma piuttosto una mini serie televisiva. I bambini torneranno sull'argomento molte volte. La cosa importante è che in questa prima occasione i figli vengano rassicurati del fatto che vi prenderete cura di loro, che nonostante la separazione il legame affettivo fra genitori e figli non cambierà e che loro non c'entrano assolutamente niente con le cause della separazione. Nel prossimo paragrafo racconterò di altri aspetti pratici che riguardano il linguaggio non verbale relativamente a questo momento specifico.

Il famigerato linguaggio non verbale

Immagina di essere un bimbo di 4 anni e di non avere tutta la padronanza di linguaggio che hai ora. La tua comprensione del mondo dipenderà più dall'osservazione di come si muovono e di come parlano gli altri rispetto all'ascolto delle parole che pronunciano. Più piccolo è il bambino, più acuta sarà la sua capacità di leggere la parte non verbale. Da questo capirai l'importanza di comunicare non solo a parole ma anche con gesti, tono della voce, sguardi, micro espressioni, movimenti, postura e molte altre cose. Improbabile riuscire in un libro a spiegare come muoversi e che muscoli controllare. Improbabile anche che, anche se lo spiegassi, tu riesca a metterlo in pratica. Per questo penso sia più importante parlare di una cosa: congruenza.

Tempo fa partecipai all'unico corso tenuto in Italia sul metodo Ekman per la valutazione della credibilità delle narrazioni. In altre parole, il corso tenuto da un professore e da un ex funzionario di Scotland Yard aveva il compito di insegnare a capire se una persona stesse mentendo. È stata una bella esperienza, perché avevo per compagni di studio una decina fra investigatori privati e agenti dell'anti terrorismo. Ti parlo di questo perché nel corso abbiamo appreso che molti segnali di menzogna provengono proprio da aspetti non verbali della comunicazione. In pratica, potevamo tranquillamente valutare la credibilità di una persona che non parlava la nostra lingua! Questo perché la valutazione si basava soprattutto sull'osservazione dei movimenti e delle variazioni della voce. Un bambino fa probabilmente la stessa cosa (un'abilità che crescendo disimpara) e, con le scarse capacità di comprensione verbale, confronta quello che comprende del parlato con quello che vede nel tuo comportamento. Il bimbo percepisce che c'è "qualcosa che non va" se le informazioni verbali (il contenuto) sono incongruenti con il linguaggio del corpo. La congruenza fra linguaggio verbale e non verbale è importante per comunicare sicurezza e dare l'impressione di non mentire. Per questo motivo è molto improbabile che si riesca a mentire senza essere scoperti dai figli. Quindi, come regola direi che dovrai soprattutto essere congruente nelle espressioni e quindi raccontare la verità. Raccontando quello che veramente pensi e credi, darai automaticamente una certa congruenza e credibilità alla comunicazione. Se esistono parti scomode, piuttosto che mentire omettile dal discorso.

Ti faccio un esempio di incongruenza: immagina di raccontare un evento piacevole con un'espressione che trasmette qualcos'altro (tristezza, rabbia ecc.). Nel caso che stiamo trattando, potrebbe essere come pronunciare la frase "mamma sarà felice di portarvi a scuola tutti i giorni" accompagnandola con un'espressione di disgusto e con una postura a braccia incrociate. Nella parte verbale viene prodotta un'asserzione di felicità mentre nella parte non verbale si trasmettono disgusto e chiusura. Questo può accadere se la mamma in questione non crede a quello che ha detto (magari perché percepisce come una scocciatura il portare i bimbi a scuola). Quando non credi in quello che dici è probabile che tra il tuo linguaggio verbale e quello non verbale ci sia un conflitto, una scollatura. In definitiva, e scusa se mi ripeto: il miglior modo per essere congruenti è dire cose in cui si crede e ometterne eventualmente le altre.

ATTRAVERSATO IL RUBICONE

Una volta che la separazione è stata comunicata, inizia il nuovo periodo. Nella migliore delle ipotesi ci saranno due case, due ambienti da frequentare e due genitori con i quali, a turno, passare del tempo. La nuova condizione sarà da un certo punto di vista più rilassata (soprattutto per i genitori) e allo stesso tempo nuova e potenzialmente caratterizzata da una certa confusione per tutti. In questa nuova vita ci sono alcuni aspetti cruciali. In questo capitolo illustrerò una serie di buone pratiche in grado di rendere il post separazione un luogo di crescita e non di guerra. Se il rapporto con il tuo/la tua ex è buono, allora sarà più facile; se invece è conflittuale, allora servirà più impegno e le insidie di cui parlerò saranno più evidenti.

Parlare al bimbo dell'ex partner

La novità è che si moltiplicheranno le occasioni nelle quali tu e i tuoi bimbi sarete soli, senza il tuo/la tua ex. Si moltiplicheranno quindi le occasioni in cui tu o la prole parlerete dell'altro genitore. Come conseguenza diretta ci saranno più momenti in cui parlare bene e anche male di chi non è presente. Un problema ormai noto è quello di un genitore che critica l'altro genitore davanti al bambino. Non solo, anche i bimbi hanno la tendenza a commentare negativamente il comportamento di un genitore di fronte all'altro. Se vi siete separati è perché le cose non funzionavano e saranno gli aspetti negativi del tuo ex e le cose che non sopporti di lui o lei a essere più salienti. L'occasione per criticarlo/a è ghiotta, ma è da evitare.

Parlare male dell'altro genitore, commentare negativamente un suo comportamento o addirittura offenderlo, fa del male a tuo figlio in diversi modi. Parlare male alle spalle di una persona non dà solitamente risultati positivi. In un certo senso, la lealtà che dovrebbe comunque esserci fra ex partner (e in generale fra esseri umani) viene a mancare. Un altro aspetto che crea problemi è che tuo figlio avrà un'idea più negativa del padre o della madre e di conseguenza avrà un'idea meno lusinghiera di una delle persone di riferimento. Come ti sentiresti se una delle persone che prendi come esempio e riferimento fosse denigrata e criticata? Oltre agli svantaggi già menzionati, anche l'autorevolezza del genitore criticato potrebbe essere indebolita. "Perché dovrei ascoltarla/o se è una persona pessima?" potrebbe pensare il figlio. Per questi e altri motivi, molto meglio non cogliere le mille occasioni che avrai di commentare negativamente l'altro genitore. Non sto consigliando una censura, il suggerimento è quello di prestare molta attenzione a quello che dici sul tuo/sulla tua ex in presenza del figlio. Anche nel caso in cui sia il figlio a criticare, offendere o giudicare negativamente il padre o la madre, attenzione a come accogli queste manifestazioni. Vanno incoraggiate la lealtà e un'immagine positiva dell'altro genitore, anche se sei arrabbiato/a con il tuo ex.

A una frase negativa che un figlio potrebbe dire sulla madre, un padre potrebbe annuire e poi dire: "Ti capisco e comprendo il tuo punto di vista, hai provato a parlarne con mamma?". Agevolare l'apertura della prole a parlare anche di cose difficili o spiacevoli con l'altro genitore significa mettere le basi per l'assertività futura. Lo so, l'occasione può essere particolarmente succulenta e la voglia di sentirsi dare ragione su quanto pessimo fosse il tuo/la tua ex è in agguato. Tuttavia, pensare a cosa sia meglio per il proprio figlio eviterà di metterlo in mezzo a vendette e battaglie di cui non ha colpa.

Altra tentazione che potrebbe venirti è quella di usare il figlio per indagare sulla nuova vita privata dell'ex. "Chi era al telefono con mamma/papà?", "quanti soldi ha speso per i suoi vestiti?" sono esempi di domande che mettono il bambino in mezzo a cose che non sono di sua competenza. In alcuni casi, i bimbi potrebbero sentirsi delle spie usate da un genitore per scoprire cosa faccia l'altro. In altri casi, la percezione del bambino potrebbe essere quella di un genitore che fa cose sbagliate, come lo spendere troppo o avere altre frequentazioni romantiche. Ancora una volta, se metti da parte il tuo interesse e pensi prima a tuo figlio, capisci bene quanto inutile e potenzialmente dannosa possa essere questa pratica.

I treni di Cina e Mongolia

Una delle esperienze più sorprendenti della mia vita è stato il viaggio in treno da Mosca a Pechino. Dalla Russia si attraversa la Mongolia per poi arrivare in Cina. Arrivato alla frontiera cinese, il treno è stato fermato e, dopo una poco piacevole ispezione da parte dei militari cinesi, è ripartito per entrare in un gigantesco capannone. Qui, con noi passeggeri all'interno, le carrozze sono state letteralmente sollevate dalle rotaie per almeno un'ora. L'operazione era necessaria perché i due paesi hanno scartamenti diversi tra i binari. Lo spessore della rotaia è uguale, ma cambia la distanza fra i binari e per questo va modificato l'interasse delle ruote. Curioso, eh?

Una cosa simile accade fra i territori di due persone separate: alcune regole cambiano e i bambini devono conoscerle e rispettarle. Questo fatto è abbastanza ovvio e i bambini si adattano facilmente, specialmente se le regole delle due case non sono in netto contrasto fra di loro. Quelli che invece sembrano avere più difficoltà sono i genitori, che spesso faticano ad accettare le modalità educative e la gestione del figlio a parte dell'ex. Ovvio che se le modalità dell'altro genitore sono immorali o pericolose la tolleranza viene meno e si devono anzi usare tutti i mezzi per proteggere il minore. I casi di condotte lesive del minore sono rari e fortunatamente le differenze fra la gestione di papà e quella di mamma sono innocue. In definitiva il messaggio è che: le regole della casa dell'altro genitore vanno accettate. Quello che suggerisco a molte coppie è stabilire dei principi comuni da rispettare. Per esempio, regole di igiene come lavare i denti subito dopo aver mangiato, non guardare telefonini o computer prima di andare a letto e così via. Anche se l'accordo non viene raggiunto le regole del tuo ex vanno comunque accettate (a meno di situazioni di pericolo per i figli, come già detto). Altro fenomeno a cui assisto è il tentativo, da parte dei figli, di trasferire le norme meno rigide di un genitore all'altro genitore. Per esempio, se papà permette di stare in piedi fino alle dieci di sera, i bimbi potrebbero cercare di ottenere la stessa cosa quando sono a casa di mamma. Se accontentarli o mantenere le tue regole è una tua scelta. Nel caso volessi mantenere le tue regole è facile ribadire ai figli che in case diverse ci sono regole diverse. Potresti magari spiegare il perché tu ritenga che il tuo modo sia positivo. Attenzione: spiega solo perché ritieni il tuo modo positivo, non criticare il modo del tuo/della tua ex!

Quando i figli sono oppositivi

Questo week end con mamma, l'altro con papà, poi ci sono le ferie con mamma, i nonni e forse la zia; dopo le vacanze al mare la mamma ci lascia da papà perché va in montagna per rilassarsi. Due set di regole, i giocattoli e i libri da portare avanti e indietro fra le due abitazioni e mille nuovi problemi. Un bimbo potrebbe dire che "si stava meglio quando si stava peggio!". La vita da figlio di separati può sembrare un'inutile complicazione per tuo figlio e non è detto che tutto fili liscio. Di fronte a qualcosa di indesiderato potrà capitare che ci siano dei momenti in cui lui si opporrà con forza alle tue scelte. A seconda dell'età, potrebbe rifiutarsi di mettere le scarpe per andare a trovare il tuo ex oppure fingere di andarci e deviare lungo il percorso o magari andarci ma poi fare scena muta. Nei casi di contrasto del figlio con un genitore e nelle situazioni più sfortunate, l'altro genitore spesso sfrutta questi momenti per tenersi il bambino, per accusare l'ex di non essere in grado di farsi desiderare o per trarre qualche vantaggio dalla situazione. Purtroppo, talvolta si strumentalizza il comportamento oppositivo del figlio per trarne un vantaggio personale e questo danneggerà, nel lungo termine, proprio il bambino. Il compito di un genitore (non importa quanto ti stia sulle scatole il tuo/la tua ex) è anche quello di agevolare e nutrire il rapporto dei propri figli con l'altro genitore. Con questo spirito, davanti a un'opposizione di tuo figlio è bene spendere energie per capire cosa sia andato storto. In linea di massima, la libertà del bambino va rispettata (a meno che questa libertà non comporti rischi per la sua salute). Rispettarlo e allo stesso tempo provare a persuaderlo richiede la comprensione delle motivazioni che giustificano il comportamento. La domanda alla quale rispondere è: "Cosa impedisce a mio figlio di comportarsi in un dato modo?". La risposta a questa domanda dipende da molti fattori e può essere intuita dopo un'attenta osservazione del bambino. Se osservandolo non riesci comunque a capire, allora è il caso di indagare direttamente chiedendo a tuo figlio. Provo a fare un esempio pratico al quale ho già accennato, che si riferisce al caso del non voler andare a trovare papà. Da una prima analisi, le circostanze potrebbero già apparire come palesemente sfavorevoli e quindi il bambino potrebbe rifiutarsi perché da papà non ha una sua cameretta, perché avrebbe voluto giocare con quel videogioco che da papà non c'è, perché è arrabbiato con il papà, perché teme di lasciare da sola la mamma e mille altri motivi. Quindi, il primo passo potrebbe essere quello di prendere in considerazione i motivi dell'opposizione partendo da quelli pratici. Il secondo passo è quello di parlare con il bambino, e per farlo in modo efficace bisogna essere empatici e disposti all'ascolto attivo.

Riporto un caso (bimbo di 5 anni che non vuole andare dal papà):

Mamma: *Luca, metti le scarpe che andiamo da papà.*

Luca: *Dopo.*

Mamma: *Luca, devo andare al lavoro, non possiamo più aspettare. Tieni, mettiti le scarpe per favore.*

Luca: *No, non voglio.*

Mamma: *Non vuoi mettere le scarpe? E per quale motivo? Vuoi mettere gli stivaletti?*

Luca: *Non voglio mettere niente.*

Mamma: *Oh, bella questa (e si china verso il bambino guardandolo negli occhi) non è che per caso non vuoi andare dal papà?*

Luca: *Sì, non ne ho voglia* (abbassa lo sguardo).

Mamma: *Ok, vorresti dirmi perché non ne hai voglia?*

Luca: (non parla e continua a guardare in basso).

Mamma: *È perché il papà non ha lo spazio per la tua bicicletta?*

Luca: *No, la bici non mi interessa.*

Mamma: *Luca, capisco e penso che sia difficile per te dirmi come mai non vuoi andare da papà. Ci sono cose troppo difficili da fare per un bambino della tua età e probabilmente questa è una di quelle. Giusto?*

Luca: *No, io sono grande e non è difficile.*

Mamma: *Ok, bene, so che stai crescendo e sono felice se mi dici cosa non va, perché questo mostra che stai crescendo e puoi parlare di cose difficili. Allora, cosa c'è che non va?*

Luca: *Papà non ha tempo e sta davanti al computer. Papà non gioca con me. Io non voglio andarci.*

Mamma: *Ok, capisco e immagino che sia molto spiacevole andare da papà quando lui sembra più interessato al computer. E cosa fa al computer?*

Luca: *Boh.*

Mamma: *Sai, penso che il papà debba stare con te quando sei lì e so che il papà lavora tanto. Forse al computer sta lavorando.*

Luca: *Forse.*

Mamma: *Sai cosa fanno i grandi quando ci sono cose che non piacciono?*

Luca: *Cosa?*

Mamma: *Chiedono di poterle cambiare. Tu pensi di essere abbastanza grande da dire al papà che vorresti giocasse con te e lasciasse stare il computer? È difficile e tuttavia forse potresti riuscire, per questo ti chiedo.*

Luca: *Sì, certo che ci riesco.*

Mamma: *Bene, allora forza che si cresce! Mettiamo le scarpe e andiamo.*

In questo caso, la mamma ha poi avvisato il papà del desiderio del figlio e il papà, di riflesso, ha dedicato più tempo all'interazione, in modo che la permanenza di Luca fosse al centro dell'attenzione. Piccolo inciso: il nome del bambino è stato cambiato per rispettarne la privacy. Questo è un esempio di indagine e ascolto empatico, con tanto di collaborazione fra i genitori separati.

A seguito della separazione si osservano comportamenti oppositivi minori e tentativi dei figli di affermare la loro autorità e indipendenza. Questi comportamenti vanno dal rifiuto di andare dall'altro genitore al rifiuto di fare i compiti o aiutare in casa. Ascolto empatico e collaborazione tra mamma e papà bastano a disinnescare i boicottaggi dei figli. Ci sono tuttavia alcune circostanze per le quali è opportuno chiedere l'aiuto di uno psicologo. Nel caso tu e il tuo/la tua ex non riusciate a gestire le situazioni disfunzionali, nel caso in cui il bambino abbia comportamenti preoccupanti (violenza contro persone/cose/animali, autolesionismo, forte calo del rendimento scolastico, importanti variazioni ponderali, ecc.) è meglio sentire un professionista.

Quanti modi di comunicare

Molto dipende dall'età dei figli. L'importante è usare tutti i mezzi a disposizione per comunicare e tenersi in contatto. Il tutto senza risultare pedanti e insistenti. Il telefono è uno dei modi più utilizzati. Oggi è possibile usare anche la videochiamata e questa va preferita se il tempo e il luogo lo permettono. A seconda delle cose da dire si può optare per un mezzo piuttosto che per un altro. Se si tratta di un saluto veloce o di una comunicazione di routine una telefonata va bene. Se si tratta di discorsi più profondi allora meglio avere anche il supporto dell'immagine, per leggere tutte le informazioni non verbali che passano dal canale visivo. Queste sono modalità di comunicazione sincrona che tuttavia potrebbero essere problematiche nel momento in cui una delle due parti è impegnata. L'amarezza di un genitore al quale viene rifiutata una telefonata non ha eguali e la fatica che faccio nel mio lavoro clinico è quella di spiegare al genitore che essere rifiutati è ok. Un ragazzo, ma anche un bambino, ha momenti in cui preferisce giocare da solo o con amici. La tendenza è che mentre si gioca si vuole continuare a farlo e quindi la telefonata con mamma o papà può aspettare. Potresti voler parlare con tuo figlio e chiamarlo e scoprire che non è disponibile oppure è distratto e non ha voglia di parlarti. Non lasciare che questo sia un deterrente per te e non prenderla sul personale. Piuttosto, ci possono essere modi per ridurre la probabilità di un rifiuto e questi passano dalla collaborazione con l'altro genitore e dall'organizzazione delle chiamate. Se sai che tuo figlio ha un amico con cui gioca, evita di chiamarlo in quel momento. Se sai che fa merenda a un certo orario, magari potresti sfruttare quel momento per una telefonata, accordandoti con chi lo accudisce. Per riassumere, quando si tratta di chiamate e videochiamate meglio non prenderla sul personale e organizzarle in momenti comodi per tutti.

Le altre vie della comunicazione

Tutti i modi per comunicare a distanza sono utili a mantenere il rapporto tra genitore separato e figlio. Per questo l'invito è di usare qualsiasi cosa possa agevolare la connessione fra di voi. I messaggini sono un esempio. Per messaggini intendo qualsiasi forma di messaggio di testo e immagine che si possa scambiare su piattaforme social e che rappresenti un modo di comunicare asincrono. L'unica avvertenza che mi sentirei di dare è quella di evitare i messaggini per gestire comunicazioni delicate e potenziali cause di scontro. Quelle vanno fatte di persona o in videochiamata o al telefono. I messaggi si prestano troppo spesso a interpretazioni personali e rischiano di causare incomprensioni e problemi.

Anche per i messaggi vale la regola del pazientare se il figlio non risponde subito. Mandare messaggi a raffica se una persona non risponde di solito non aiuta. Certo, tardare a rispondere è accettabile, dimenticarsene lo è un po' meno. In questi casi caldeggio un accordo fra genitori e figli sul fatto che ai messaggi si debba rispondere, almeno entro la giornata. Se questo non accade è probabile che ci sia un problema e un motivo di opposizione da parte del figlio. A questo punto conviene approfondire e capire cosa stia accadendo.

Si sa che per agevolare delle risposte il messaggio debba essere piacevole. Capita di vedere scambi di messaggi fra genitore e figlio, o anche fra coniugi, che sono una serie di richieste o commenti non proprio piacevoli. È importante alternare quelli che potrebbero essere messaggi di richiesta o di servizio con messaggi simpatici (immagini di momenti della giornata, considerazioni divertenti, scambio di pensieri positivi). Mettiti nei panni del tuo interlocutore: se i messaggi sono una serie di domande, richieste di adempimento, lamentele e critiche, che voglia ti viene di rispondere?!

Un altro modo di comunicare spesso dimenticato ma utilissimo per papà e mamme che vivono lontano è la posta tradizionale (oggi anche il corriere espresso). Un pensiero, un regalino, il recapito di un oggetto di cui si era parlato, sono sorprese gradite e alimentano il rapporto genitore-figlio. I regali sono argomento delicato e non bisogna esagerare, tuttavia è bene tenere presente che esiste anche questa possibilità di comunicare a distanza.

PAPÀ O MAMMA FREQUENTANO UN NUOVO PARTNER

Se la tua separazione non è correlata con l'inizio di una nuova relazione, sappi che prima o poi arriverà il momento in cui tu o l'ex partner avrete una nuova storia sentimentale. Questa circostanza è difficile da accettare se la nuova relazione è iniziata - e magari ha causato - prima della separazione, ma diventa più accettabile se nasce in periodi 'non sospetti', cioè a distanza di tempo dalla separazione. La verità è che noi esseri umani siamo naturalmente portati alla socialità e tendiamo a formare legami affettivi stabili. Per questo verrà naturale accompagnarsi a una nuova persona. Per quanto ho visto in anni di professione, i bambini sono sovente scettici nell'accettare che un genitore abbia una nuova relazione e, vista la problematicità, di norma si decide di introdurre il nuovo partner solo quando la relazione è consolidata (io consiglio almeno un anno di rapporto stabile). Cautela va posta perché, nel caso di insuccesso della nuova relazione, se i bambini hanno già socializzato e la nuova coppia dovesse guastarsi si assisterebbe a un secondo trauma. I casi nei quali i bambini passano attraverso due abbandoni sono i più difficili. Anzi, per quello che ho visto il secondo abbandono potrebbe essere anche più problematico del primo. La preghiera è quindi quella di attendere che le cose sedimentino sia nella vita famigliare post separazione sia nella tua vita personale (spesso usciti da una separazione serve un tempo di decompressione e riflessione prima di tuffarsi in una nuova avventura). Tuttavia, se la nuova relazione c'è allora è meglio tenerla nascosta fino a che non ci sia un buon livello di stabilità. In questo capitolo proverò a dare indicazioni sul come introdurre il nuovo partner.

Nel caso il tuo/la tua ex abbia un nuovo partner è prevedibile che le emozioni siano di gelosia, di rabbia e di dolore. Oltre a questo, ci sarà la legittima preoccupazione dell'influenza che questa persona potrebbe avere sui tuoi figli. Le emozioni sono, come al solito, da riconoscere e accettare. È del tutto normale provarle e difficilmente saranno evitabili. Quello che importa è non riversarle sui bambini, perché potrebbero ancora una volta danneggiare proprio loro. È nel loro, e quindi nel tuo, interesse avere un buon rapporto con questa nuova persona. Quindi, denti stretti e avanti nella cordialità e nel non criticare le scelte dell'ex, specialmente davanti ai bimbi. Se il rapporto con l'ex è civile e di rispetto reciproco le cose dovrebbero filare lisce. Se non lo fosse, allora è una buona occasione per sistemarlo. Nel caso sia impossibile farlo da soli, meglio sentire un professionista. Meglio sarebbe sapere quando il tuo/la tua ex vorrà introdurre il/la nuovo/a fidanzato/a anche se potrà capitare che siano i tuoi figli stessi a dire: "Lo sai che mamma/papà ha una nuova fidanzata?". In ogni caso, calma e gesso perché è probabile (come accennavo poc'anzi) che ai tuoi figli non piaccia particolarmente quella persona e la percepiscano come un intruso. Facilissimo diventa, a questo punto, cogliere la palla del rancore al balzo e fomentare l'antipatia fra figli e nuovo partner. Questa tentazione è tanto succulenta quanto da evitare. Il da farsi è esattamente il contrario e cioè cercare di lavorare affinché la nuova persona sia accettata. L'ascolto empatico viene ancora una volta in aiuto. Le paure più grandi dei figli sono spesso anche quelle del genitore. Il timore classico è che la nuova persona provi a sostituirsi e intromettersi nella loro relazione col genitore. Deve essere ben chiaro all'inizio che il nuovo partner non potrà essere un nuovo papà o una nuova mamma. Potrà, tuttavia, essere un/a nuovo/a amico/a sul quale contare. La cosa dovrà essere ben chiara non solo ai figli ma anche a te, al tuo ex e alla nuova persona.

Una delle maniere più semplici è quella di parlare, oltre che con tuo figlio, anche con l'altro genitore e trovare un accordo su come introdurre il nuovo ingresso. Un problema che spesso vedo nel relazionarsi fra ex è quello del non tirar fuori le emozioni e discutere attaccandosi. L'ascolto empatico che abbiamo visto essere utile con i bambini è utile anche con il resto del mondo. Ascoltare le emozioni dell'altro ed esprimere le proprio è un buon metodo per intavolare discussioni profonde e poco conflittuali.

Nella psicologia delle relazioni affettive, un insegnamento funzionale a questa circostanza è quello del "soft start" di Gottman. Questo prevede di iniziare un discorso anteponendo le emozioni che lo guidano. Spesso nel lavoro di coppia faccio del *role playing* come quello dello script qui sotto. Il testo è preso da un caso trattato online tempo fa (i nomi sono stati cambiati per rispetto della privacy):

Lui: *Ciao, volevo parlarti di una cosa che mi crea una certa ansia, hai cinque minuti?*

Lei: *Ok, dimmi.*

Lui: *Marco (nome del figlio di 4 anni) mi ha detto che ti ha visto abbracciarti con un'altra persona e mi ha anche chiesto se quello fosse un altro papà.*

Lei: *Ah, mi ha vista, beh sì, in effetti si tratta di una persona che frequento da un po' di tempo e deve averci visti in auto quanto mi ha accompagnata a casa.*

Lui: *Ok, avevo intuito ed è proprio questo che mi crea ansia. Capisco che tu possa avere un nuovo compagno e non ti nascondo che questo mi crea dolore. Lo accetto e va bene così. Se lo frequenti da tempo e hai intenzioni serie arriverà un momento in cui dovrai parlarne a Marco. Tu cosa pensavi di fare? Hai già in mente un quando e un come?*

Ecco un esempio di scambio preliminare costruttivo e fatto nell'interesse del bambino. Una volta parlato all'altro genitore e concordato i modi per introdurre o per perfezionare un'introduzione già parzialmente avvenuta, resta il potenziale ostacolo di un figlio che si oppone. Scrivevo che i bimbi hanno spesso delle paure per quanto riguarda il nuovo compagno e queste vanno capite e gestite. I tipi di opposizione possono essere tanti e con tante motivazioni (impossibile trattarli tutti qui). Come esempio di conversazione atta a indagare questi aspetti, riporto qui sotto un altro script. La figlia aveva sei anni (momento delicato anche perché inizia la scuola elementare).

Papà: *Ciao, ti va di prendere un tè con i biscotti alla vaniglia?*

Figlia: *Sììì, ci mettiamo anche un po' di cannella nel tè?*

Papà: *Affare fatto!*

(Padre a figlia preparano il tè con i biscotti e poi si siedono al tavolo, uno accanto all'altra).

Papà: *Come ti sembra il nuovo compagno di mamma? Come si chiama?*

Figlia: *Luigi.*

Papà: *Sì, ecco, Luigi. Come ti sembra?*

Figlia: *Mmmm… non so.*

Papà: *Mmmm… ho come l'impressione che non ti piaccia molto…*

Figlia: *Forse.*

Papà: *Se è così, cosa non ti piace di lui?*

Figlia: *Che sta con mamma.*

Papà: *Capisco, e immagino che tu ne abbia già abbastanza di persone nella vita, mamma e papà ci sono e ti chiederai perché debbano esserci altri.*

Figlia: *Sì, infatti, perché?*

Papà: *Vedi, sia mamma sia papà hanno il desiderio di conoscere nuove persone e di passarci del tempo insieme. Certo mamma e papà ci saranno sempre per te e saranno loro la mamma e il papà. Hai forse paura che mamma e papà non ci saranno più come prima se arriva un'altra persona?*

Figlia: *No, non ho paura che mamma vada via.*

Papà: *Ok. Oltre a non piacerti forse troppo hai paura che questa nuova persona, Luigi diventi il tuo nuovo papà?*

Figlia: *Un po' sì, anche se lui non è come te.*

Papà: *Capisco e sì, non è come me. Di papà ce n'è uno e sono io. Luigi però può essere una cosa in più, un nuovo amico.*

Figlia: *Non voglio un nuovo amico.*

Papà: *Bene, allora vorrà dire che per ora non lo sarà. Luigi va comunque trattato bene, come si trattano tutte le persone, sei d'accordo?*

Figlia: *Sì.*

Papà: *E se c'è qualcosa che Luigi fa che a te non va lo puoi dire a Luigi, a mamma e anche a me, ok?*

Figlia: *Sì.*

Papà: *Promesso?*

Figlia: *Sì.*

97

Un discorso del genere non contiene giudizi e concorre nel creare un clima di collaborazione. La madre deve ovviamente essere informata della riluttanza della figlia e osservare come si sviluppa il rapporto con il nuovo arrivato. Mi spiace dirlo, ma devo. In alcuni casi i bambini subiscono vere e proprie violenze dai nuovi partner, per cui è opportuno ascoltare cosa ci dicono i bimbi e preoccuparsi che niente di spiacevole accada.

Gestire un nuovo partner

Proviamo a capire ora cosa accade quando trovi un nuovo partner. Il momento è sicuramente positivo per te e bisogna lavorare perché lo sia anche per i tuoi figli. Proprio perché l'accadimento è intriso di felicità, entusiasmo e positività, potresti correre troppo e inciampare. La voglia di iniziare una nuova relazione, di sentirsi coccolati e amati potrebbe accelerare un processo di integrazione che invece necessita di tempo e pazienza. Accettare un nuovo partner è complesso, sia per i bambini sia per il tuo/la tua ex. Dirai ora: e che c'entra il mio/la mia ex? Sono fatti miei! Parzialmente hai ragione. Parzialmente, appunto, perché è vero che i dettagli della tua vita sono fatti tuoi ma è anche vero che chi frequentano i tuoi bambini sono anche fatti del tuo ex partner. Per questo è meglio se l'introduzione del nuovo compagno o compagna viene prima comunicata all'ex. Oltre a essere direttamente interessato/a a chi frequenteranno i propri figli, il tuo/la tua ex sarà in una posizione importante e potrà agevolare o boicottare il nuovo arrivato. Meglio, quindi, avere un alleato piuttosto che un nemico. L'introduzione dovrebbe essere fatta lentamente, con calma e soprattutto dopo un periodo di test della nuova relazione. Solo ed esclusivamente quando saprai che le intenzioni sono serie e la relazione è stabile potrai valutare l'integrazione.

I tuoi figli avranno anche bisogno di tempo per abituarsi all'idea e per questo è meglio avvisarli del fatto che un nuovo amico di mamma potrebbe fermarsi a cena o potrebbe venire a prendere un gelato. Di solito si passa per un primo periodo nel quale ci si riferisce al nuovo o alla nuova arrivata come amica/o e poi, dopo diverse esposizioni, si può passare a dire che hai deciso di avere un/una fidanzato/a (dipende dall'età dei bambini e da quanto comprendono il termine). Per quanto ho appena scritto è evidente come sia meglio andarci piano con le effusioni.

I primi incontri potrebbero essere di svago (cinema, gelato, museo, passeggiata) e poi ognuno torna a casa propria. Se, con il passare del tempo, i tuoi bambini reagiranno bene allora non ci sono problemi e il nuovo ospite si fermerà a dormire. In questa evenienza è comunque meglio avvisare i bambini che la persona potrebbe fermarsi a dormire e spiegare, se non fosse ovvio, dove dormirà. Gli scambi intimi vanno anch'essi gestiti con un lento crescendo. Nelle prime uscite eviterei baci e abbracci, specialmente se passi dal periodo di dichiarata amicizia. Anche se decidi di presentarlo/a subito come nuovo partner, aspetterei nel lanciarmi in effusioni come baci abbracci e passeggiate mano nella mano. Inutile dirlo: se fai sesso fallo in modo discreto e magari dopo qualche volta che hai invitato l'ospite.

Se il nuovo partner ha dei figli, l'indicazione è quella di introdurre prima la persona, vedere come va, e solo di seguito introdurre anche i figli. Le prime interazioni potrebbero essere molto brevi per poi allungarsi pian piano.

Guai in vista

Mettiti ancora un attimo nei panni di tuo figlio: "mamma e papà sono gentili fra di loro (spero sia questo il caso) e chissà, magari un giorno torneremo a essere una bella famiglia tutti insieme". Ecco che, con questo pensiero in mente, arriva un nuovo o una nuova compagna e *patapunfete*: il sogno si infrange. Sì uno dei motivi per cui i nuovi partner non piacciono ai figli è proprio dovuto al fatto che facciano sfumare le onnipresenti speranze di riconciliazione. Altri motivi che di solito emergono in questi casi sono: tuo figlio si sente messo in disparte perché passi meno tempo con lui; tuo figlio sente di essere sleale nei confronti del tuo ex partner; o semplicemente a tuo figlio non sta simpatico il nuovo arrivato.

Sondare le ragioni ostative e parlare con i figli è altamente consigliabile. Ascolto empatico e attivo. Di solito, dietro agli ostacoli si nascondono paure e se le conosci puoi fare qualcosa per eliminarle. Se le paure sono quelle più frequenti esposte sopra, potresti rassicurare tuo figlio sul fatto che non stai cercando di sostituire il tuo/la tua ex. Oppure, nel caso si senta trascurato, puoi coinvolgerlo maggiormente e dargli più attenzione quando passi del tempo con la nuova persona. Tieni presente che è facile anche esagerare nel senso opposto, e cioè dare il controllo delle tue relazioni ai tuoi figli. Deve essere ben chiaro che ascoltare i propri figli non significa chiederne la benedizione. Le relazioni le scegli tu e te ne assumi le responsabilità, non le possono scegliere i tuoi figli.

Un'altra cosa molto interessante da fare è poi quella di osservare come i tuoi figli interagiscano con il nuovo partner. L'osservazione permette di capire molte cose degli eventuali problemi che potrebbero nascere in questa nuova relazione. Per ultimo, deve essere una tua priorità quella di garantire la sicurezza e l'incolumità psicologica, oltre che quella fisica, dei tuoi figli, quindi assicurati di conoscere bene la nuova persona prima di lasciarla sola con i tuoi bambini.

ABBANDONO DA PARTE DI UN GENITORE

Purtroppo, accade anche che un genitore decida di non prendersi più cura del figlio e che la separazione sancisca un vero e proprio abbandono. Talvolta le relazioni sono caratterizzate da situazioni difficili e complesse come quelle dell'abuso di alcol, droga, povertà, analfabetismo o patologie psichiche di uno o entrambe i genitori. In questi casi è altamente consigliato l'accompagnamento da parte di un professionista. In generale, tuttavia, in modo appropriato all'età, è meglio parlare ai propri figli con la massima onestà. I figli devono essere rispettati nella loro dignità e allo stesso tempo protetti da contenuti che non potrebbero gestire a causa delle limitate capacità di ragionamento. Per capirci: inutile spiegare al figlio di tre anni che il padre è finito in carcere perché ha commesso un omicidio. Se il bambino è abbastanza grande per capire i fatti, questi possono essere descritti nel modo più oggettivo possibile. Se invece è troppo piccolo si potrebbe dire che "l'altro genitore (quello che non c'è) ha dei problemi 'da grandi' e sta provando a risolverli. Questi problemi sono difficili da capire e ci vorrà molto tempo per risolverli". In questo modo non stai mentendo o indorando la pillola, stai semplicemente spiegando con parole comprensibili il perché un genitore sia assente. Se non sai dove sia il tuo ex, dillo onestamente, non inventare bugie o scuse. Un'altra tecnica è quella di rimandare questioni che non potrebbero essere comprese in questo momento. A richieste pressanti di spiegazioni potresti promettere che "più avanti ti spiegherò meglio, perché adesso è difficile, anzi impossibile, da capire". Ecco un esempio che ho visto fare da un padre ingegnere a un figlio di cinque anni (la madre era fuggita all'estero con un altro). Il figlio insisteva nel chiedere dove fosse la mamma e perché non fosse lì con loro. Il padre rispose che mamma era dovuta andare via per dei problemi "da grandi" e che stava provando a risolverli. Alle pressioni del figlio per conoscere il perché di tutto ciò, il padre ha risposto: "Ti faccio un esempio, ti spiego come fa l'acqua a diventare ghiaccio quando la mettiamo nel freezer". Il padre ha poi iniziato a spiegare nei dettagli come i legami fra le molecole dell'acqua fossero di un tipo piuttosto che di un altro e di come l'abbassamento della temperatura incidesse su questi legami. Alla fine del discorso il padre ha chiesto al figlio: "Ora ti è chiaro come l'acqua congeli e da liquida diventi solida?". Il figlio ovviamente non aveva capito perché i termini erano troppo difficili per lui. Il papà quindi ha concluso dicendo: "Vedi, ci sono cose che per ora non riesci a capire ed è ok. Ci sono molte cose che imparerai e che un giorno ti permetteranno di capire molto di più. Ti prometto che ti spiegherò tutto quello che potrò e questo giorno arriverà presto".

CONCLUSIONI

Tieni presente che il momento della separazione è il più difficile. Così come quando arriva un figlio, il primo periodo è quello dove le cose sembrano insormontabili e la vita cambia rapidamente e inesorabilmente. Una volta attraversato questo momento ci saranno, certo, nuovi problemi, ma nel contempo inizierà una nuova routine e ci saranno nuove certezze alle quali appoggiarsi. Se stai attraversando ora una separazione, immagino che tutto sembri difficile e confuso, ma vedrai: le cose miglioreranno. L'importante è, nel trambusto di un mare con le sue tempeste, mantenere la rotta corretta. Questa è quella che porta verso il benessere tuo e dei tuoi figli. I tuoi programmi per restare in contatto con i tuoi figli quando vivi nella stessa città o a una distanza ragionevole dovranno ovviamente adattarsi ai loro, dovrai partecipare ai loro eventi sociali, a quelli scolastici, incontrarli per un pranzo o una cena, portarli a mangiare un gelato e restare in contatto con messaggi e telefonate.

Se vivi lontano da loro ci vorranno tutta la tua perseveranza, la tua creatività e una buona dose di umiltà. Dimostrare il tuo amore verso di loro, anche nei periodi difficili, anche quando non vorranno passare del tempo con te (se accadrà), è il modo per mostrare che ci sei e che le difficoltà nella vita si superano. Non vi è esempio migliore per un figlio del vedere il proprio genitore impegnarsi ed esserci anche quando le cose non vanno per il meglio.

Spero che questo scritto, nella sua semplicità, abbia contribuito al benessere dei tuoi figli e anche a quello della tua coppia. Nel momento in cui scrivo le separazioni raggiungono una percentuale che sfiora il 50% dopo dieci anni di matrimonio. Queste statistiche spesso sottostimano il fenomeno in quanto molte coppie non sono sposate ma semplicemente conviventi con figli. Le dimensioni di questo fenomeno (che non giudico) sono così importanti da giustificare la ricerca che io e tanti altri psicologi stiamo portando avanti. L'obiettivo è quello di trasformare un potenziale trauma da separazione in una crescita da separazione.

Il mio auspicio è che tu e i tuoi figli possiate beneficiare delle tecniche che qui ho illustrato per crescere più forti e più felici anche dopo la separazione. Spero anche di riuscire a raggiungere molte persone, in modo da aiutare non solo le coppie che vedo online o in studio, ma anche chi non può permettersi i miei servizi.

Un caro saluto,

Marco

APPENDICE:

DOMANDE DIFFICILI DEI BAMBINI

"Mamma lui è pelato" ha detto mia figlia mentre eravamo in coda per fare la spesa (tempi della pandemia covid 19). Fortuna vuole che Sofia non parlasse Italiano per cui la persona davanti a noi non ha proprio capito. Per un bambino dire una verità che potrebbe risultare offensiva è del tutto naturale. Nella loro innocenza i bambini sanno essere diretti, taglienti e inquisitori. Non siamo abituati a questo genere di schiettezza e rischiamo di essere messi in difficoltà. In questa appendice voglio scrivere una lista delle domande più difficili che ho raccolto in anni di professione. L'idea è quella di prepararsi e poter rispondere in modo da non essere colti di sorpresa e avere la risposta migliore pronta all'uso.

I tuoi bambini vorranno porti molte domande sul divorzio e questo è un dato di fatto. Durante ogni loro fase dello sviluppo ti riproporranno queste domande in mille salse. Le parole che pronuncerai in risposta ai loro dubbi, anche i più taglienti e provocatori potranno infondere certezze o generare dubbi e sconforto.

Vuoi ancora bene al Papà?

Più il bambino è piccolo e piu' ragiona per assoluti. E' probabile che tuo figlio pensi: o si ama una persona o non la si ama. Se durante la separazione qualcuno gli ha detto che le persone si dividono perché non si amano più lui ora potrebbe pensare che tu non voglia bene al tuo partner o che addirittura lo odi. Ancora una volta la domanda è probabilmente una semplificazione verbale e dietro ci sono delle paure. Per un bambino avere dei genitori che non si amano aumenta il rischio di essere lasciato solo e di finire non amato come l'altro genitore. Il ragionamento che spesso, anche se non proprio consapevole e articolato, sta dietro la domanda "ami ancora il papà?" è: se mamma non ama più papà, un giorno potrebbe anche non amare me!

Qui non esistono risposte standard e la spiegazione delle sfumature con le quali l'amore per una persona può cambiare dovranno essere calibrate a seconda delle capacità di comprensione del figlio. Quello che è meglio far passare è ancora una volta che non odi il tuo ex partner e che anzi lo stimi e se ci sarà bisogno tu lo aiuterai, così come continuerai ad aiutare lui (tuo figlio). Insomma rassicurare che in qualche modo vuoi ancora bene al tuo ex partner stando attenti a non infondere false speranze. Una frase che potrebbe funzionare (ma che ribadisco non è l'ideale per tutte le età) è: "ci tengo ancora al papà e mi importa se come sta lui, anche se non viviamo più insieme e siamo separati. Nella nostra famiglia ci vogliamo bene anche se in modo diverso da prima e io e Papà continueremo comunque ad amare ed esserci per te, anche se sicuramente non torneremo insieme, ok?"

Tu e mamma/papà ritornerete insieme?

La fantasia più comune per i bambini di tutte le età è quella che i loro genitori un giorno possano riconciliarsi, questo attaccarsi saldamente ad un sottile filo di speranza può durare fino all'adolescenza. In questo caso la risposta non ha molte alternative e sfumature. Il tergiversare, dilungarsi in spiegazioni filosofiche o prendere scuse aiuta solo ad alimentare speranze che causeranno sofferenza. La risposta "si" a questa domanda (cioè che tornerete insieme) va data solo se esiste la sicurezza di tornare insieme. In tutti gli altri casi la risposta deve essere "no", mamma e papà non torneranno insieme. A questo si può aggiungere che mamma e papà saranno sempre presenti come genitori e che ci saranno sempre per ogni esigenza. Nel caso tu sperassi in una riconciliazione ti metto in guardia dall'esprimerti come se, il fatto di poter tornare insieme dipendesse dall'altro genitore. Anche se è l'altro genitore a non voler tornare sui propri passi, questa attribuzione esplicita di responsabilità potrebbe innescare dissapore e ostilità dei figli nei confronti dell'ex partner. Ogni cosa che fomenta sentimenti negativi fra i tuoi bambini e il tuo ex partner è da evitare.

Dov'è il Papà? Quando potrò vedere la Mamma?

Specialmente nei bimbi piu' piccoli questa domanda potrebbe sembrare un mantra, i bimbi la chiedono a ripetizione e talvolta viene il dubbio che ci siano dei problemi di comprensione. Il fatto è che, specialmente nei bimbi più piccoli lo stadio di sviluppo del linguaggio non permette di esprimersi in modo articola e con la ricerca di mamma o papà intendano esprimere il fatto che mancano. In parole povere è probabile che tuo figlio cerchi rassicurazioni sul fatto che il genitore assente comunque non l'ha abbandonato. La risposta quindi, oltre a spiegare dove sia o quando effettivamente il figlio potrà vedere mamma o papà deve contenere anche rassicurazioni. Frasi del tipo: "Papà è nella sua nova casa, quando e quando il giorno del calendario è qui (mostrando il calendario se il bambino ha il concetto dei giorni). Papà ti vuole bene e se ora non è qui ti prometto che passerà a prenderti e giocherete insieme". Se il bimbo riesce ad interagire e comprendere è ok fare delle domande sul come si senta e su che emozioni stia provando rispetto all'assenza della persona. Sta a te in ogni caso cercare di capire se la richiesta del "dov'è il Papà o la Mamma" nasconda significati più profondi.

Chi mi prepara la pappa?

Sulla stregua della domanda precedente, anche in questo caso dietro alla richiesta si cela un significato più complesso. Nel caso di bimbi più piccoli questa frase serve a capire chi si prenderà cura di loro. I bimbi piccoli tendono a preoccuparsi di cose materiali e di come potrà svolgersi la loro vita da un punto di vista pratico. Chi mi porta a scuola, chi mi fa giocare sono altri esempi di domande che richiedono una risposta che è una rassicurazione. Rispondere con calma, abbassandosi all'altezza del bambino e guardandolo negli occhi è un primo passo. Rispondere in modo articolato spiegando innanzitutto di chi si occuperà della pappa è solo l'inizio.

Potrebbero seguire delle domande sul come si senta il bambino o se tema di non essere accudito e curato (se il bambino comprende). Nel caso è comunque una buona idea rassicurare e spiegare che i genitori, a turno si occuperanno di tutti i suoi bisogni come prima.

Perché tu e papà non siete più insieme?

Quale occasione migliore per spiegare a tuo figlio le colpe del tuo partner eh. Fermi tutti, sto scherzando. Infatti questa è appunto la cosa da non fare! Per favore, non cogliere l'occasione per scaricare le colpe che secondo te potrebbe aver avuto il tuo partner. Chiarito il "cosa non fare", qualche indicazione su cosa fare invece deve necessariamente essere generica perché i motivi della separazione sono molteplici e variano di coppia in coppia. Eviterei di parlare di particolari e di entrare nei dettagli dell'argomento. Spiegare che c'erano problemi sessuali, che il papà ha tradito, o che la mamma si è innamorata di un altro non è necessario e potrebbe essere dannoso. Parlare più in generale e spiegare che le persone adulte a volte possono non andare più d'accordo potrebbe essere la strada migliore. In fondo penso che questa sia anche la verità in molte separazioni. Uno standard da adattare alla tua situazione potrebbe essere una frase del tipo *"Mamma e papà hanno deciso di prendere strade diverse perché litigavamo spesso e anche se abbiamo provato ad andare d'accordo non ci riuscivamo, così abbiamo deciso di continuare ad essere bravi genitori ed esserci per te ma vivendo separati. Noi ci saremo e saremo sempre il tuo papà e la tua mamma, che ora vivono in due posti diversi".*

Perché stai piangendo?

Se sei una persona che tende a nascondere le proprie emozioni agli altri sarai in difficoltà nel rispondere alla domanda di cui sopra. I bimbi leggono le emozioni meglio di quanto capiscano quello che dici (soprattutto quando sono piccoli). Improbabile quindi riuscire a nascondere emozioni come la tristezza o la rabbia e improbabile anche che ti credano se provi a negarle. Le emozioni vanno espresse e spiegate ai propri figli. Tieni presente che i bambini imparano a capire esprimere e regolare i loro stessi sentimenti basandosi anche sull'osservazione di ciò che fanno i genitori. Quando sei davanti ai tuoi figli sei per loro un esempio e dare l'esempio del negare/nascondere/sminuire le emozioni è diseducativo. Sappi che tuo figlio dovrà essere in grado di riconoscere, gestire e accettare le proprie emozioni per avere una vita felice.

Talvolta pensiamo di dover risparmiare emozioni negative ai nostri figli per salvaguardarli e, sono d'accordo sul farlo se si tratta di un film dell'orrore o di contenuti multimediali. Tuttavia le emozioni che esperisci così come quelle che provano loro sono una palestra e un'opportunità di insegnamento da sfruttare. Un libro che consiglio che insegna come educare i figli alle emozioni è: "Intelligenza emotiva per un figlio" di Gottman.

Quindi l'invito è quello, con parole adatte all'età, di condividere le emozioni e quello che le provoca cercando come al solito di evitare particolari inutili e che possano incrinare il rapporto fra i tuoi figli e l'ex partner. Per esempio, nel caso di una mamma che piange perché è stata tradita dall'ex marito, è inutile dire che mamma piange perché sta pensando al papà con la nuova compagna. Una versione più morbida e che tuttavia non nega le emozioni potrebbe passare dallo spiegare che mamma piange perché si sente sola e ha paura di restare sola per molto tempo.

Lo sminuire le emozioni riguardo alla separazione potrebbe anche avere effetti negativi come il far credere che non ti importi molto del fatto e che sin dall'inizio per te non fosse importante stare con il tuo ex. Questa potrebbe essere presa da tuo figlio come una lezione su quanto poco debbano credere all'importanza dell'amore in una relazione. Insomma tutte le strade portano a considerare come via migliore quella dove contempli con ponderazione lo svelare e spiegare in modo adeguato le manifestazioni delle tue emozioni.

Posso invitare la mamma al mio compleanno?

Ci saranno molte occasioni in cui poter invitare il tuo ex. La domanda che è meglio farsi prima di rispondere alla richiesta di un figlio se il tuo ex sarà presente o meno è la seguente: sono in grado di sopportare la presenza del mio ex per il tempo necessario all'occasione? Se rischi di avere un tracollo, se pensi sarai triste o arrabbiato/a allora meglio evitare. In ogni caso i figli si accorgerebbero della

114

tensione e questo rischierebbe di rovinare il momento felice. Se invece la cosa è tranquilla e non ci sono problemi allora perché non invitare il tuo ex. L'accortezza è come al solito di non creare le condizioni per le quali i figli possano sperare una ricongiunzione. Se ricordi, questo è un pericolo sempre in agguato. I figli di fatti non perdono occasione per fantasticare su un ipotetico ricongiungimento dei genitori.

Un'altra trappola da evitare è quella di usare l'occasione per provare a riavvicinare l'ex. La festa, l'occasione è per il bambino e per la sua serenità. Provare a riconquistare il tuo ex usando strumentalmente un'occasione di festa non è una pratica che mette i figli al primo posto. In definitiva meglio arrivare a questa domanda preparati e condividere la propria decisione con l'ex, in modo da avere un indirizzo uniforme. L'alternativa ad una festa in compresenza sono due feste separate. Talvolta i bambini le preferiscono perché ciò significa due torte e più regali!

Perché litigate?

La separazione fra i genitori fa paura ai bambini che ne rimangono sopraffatti e si sentono abbandonati ed indifesi. Purtroppo i litigi sono frequenti specialmente prima che la separazione abbia effetto e i bambini sono spettatori indifesi di un film che non dovrebbero vedere. Un grosso pericolo per i tuoi figli è l'essere esposti a liti tra te e l'altro genitore in cui potreste perdere il controllo.

Questo tipo di avvenimenti sono il primo passo per far crescere in modo malsano i bambini in un gran numero di aspetti come ad esempio la loro salute fisica e mentale e le loro future relazioni da adulti. Viceversa, quando gli adulti riescono a risolvere i problemi in modo civile anche se sono in disaccordo, questo comportamento sarà un modello per i loro figli su come risolvere i problemi. Se i tuoi figli hanno assistito ad una lite la cosa migliore è anticipare la domanda a titolo del paragrafo (perché litigate?) parlandone e spiegando il problema del litigio. E' bene far capire ai bambini che il problema è stato risolto e che le divergenze sono parte della vita familiare che anche i bambini devono imparare a risolvere.

Se tuttavia non hai spiegato della lite nell'immediato e tuo figlio viene a chiederti perché abbiate litigato, la spiegazione può comunque essere data senza attribuzioni di colpe verso il partner. Quando i figli chiedono è perché sono preoccupati e una di queste preoccupazioni è quella di sentirsi colpevoli della lite. Meglio quindi spiegare che tuo figlio non ha alcuna colpa. Se hai usato turpiloquio meglio scusarsi per averlo fatto e spiegare che questo non dovrebbe succedere. Ricorda, quanto litighi davanti ai bambini stai insegnando loro come litigare.

Alcuni frammenti utili come modello da usare nel post litigio possono essere i seguenti:

- Mi spiace che tu abbia dovuto vedere mamma e papà litigare, non è colpa tua e mi devi scusare

- Scusami se ho usato parole poco gentili con papà/mamma, ho perso le staffe e questa cosa non dovrebbe succedere. Non è colpa tua. Come ti senti?

- Papà e mamma hanno litigato e alzato la voce, mi spiace. Hai avuto paura? Vuoi che ti spieghi meglio cosa è accaduto?